SPIRITUELLE PERSPEKTIVEN

Stichwort STERBEN

SPIRITUELLE PERSPEKTIVEN

Rudolf Steiner lag nichts an Systemen. Sein Wirken bestand vielmehr darin, Impulse zu geben, Impulse zu einem in jeder Hinsicht menschenwürdigen Leben, hier und jetzt.
Dazu gehört, dass er das Bewusstsein dafür zu schärfen suchte, dass unser Sein sich nicht beschränkt auf das gegenwärtige, von Geburt und Tod begrenzte Dasein. Unermüdlich rief er in Erinnerung, dass wir in Wirklichkeit geistige Wesen sind, ebenso wie Erde und Kosmos, in deren Gesamtzusammenhang wir stehen.
Durch seine Schriften und Vorträge ermutigte er dazu, diese verborgene Wirklichkeit ernst zu nehmen. Seine zahllosen Anregungen zielen darauf ab, Geistesgegenwart zu entwickeln, die im Augenblick das Notwendige erkennt und tut. Das kann man, überwältigt oder ratlos angesichts der umfangreichen Gesamtausgabe seiner Werke, leicht vergessen.
Die «Spirituellen Perspektiven» versammeln Kerngedanken zu ganz bestimmten Fragen aus Steiners Gesamtwerk und ermuntern so dazu, das Denken in Bewegung zu setzen und die eigene Erkenntnis- und Handlungsfähigkeit zu vertiefen.
Die kurzen Auszüge erheben keinen Anspruch, ein Thema erschöpfend zu behandeln. Sie versuchen vielmehr, Zugänge zu dem unüberschaubaren Komplex von Steiners Werk zu eröffnen, durch die sich seine außergewöhnliche – auch außergewöhnlich anregende – Ideenwelt auf eigene Faust erschließen lässt.
Die Quellenangaben mögen dabei als erste Wegweiser dienen. Doch auch wer sich mit den hier zusammengetragenen Fragmenten begnügt, wird in diesen eine wertvolle Orientierungshilfe für die heutige, nicht minder komplexe Welt finden.

Rudolf Steiner

Stichwort STERBEN

RUDOLF STEINER VERLAG

1. Auflage 2020
Zusammengestellt und herausgegeben von Franz Ackermann

Einbandgestaltung: Finken & Bumiller, Stuttgart
Satz: Satz für Satz, Wangen im Allgäu
Druck und Bindung: Buch Theiss GmbH, St. Stefan
Printed in Austria

ISBN 978-3-7274-4914-7
www.steinerverlag.com

INHALT

DAS WESEN DES TODES

Der Tod als Keimkraft zur Menschwerdung

Hätte der Mensch immer gewusst, dass der Tod der Same des Lebens ist, er wäre […] nicht zu einer selbstständigen Ichheit gekommen, denn er wäre geblieben im Zusammenhang mit der geistigen Welt. So aber trat der Tod ein, gab ihm die Illusion, dass er getrennt sei von der geistigen Welt, und erzog so den Menschen zur selbstständigen Ichheit.

In der neueren Zeit ist allem Schaffen der Tod beigemischt

Die Menschen müssen sich entschließen, immer mehr und mehr auch in der äußeren geschichtlichen Wirklichkeit Geburt und Tod sehen zu können – Geburt durch die Befruchtung mit der neuen geistigen Offenbarung, Tod durch alles dasjenige, was man schafft. Tod durch alles dasjenige, was man schafft! Denn das ist das Wesentliche im Bewusstseinszeitalter, dass man auf dem physischen Plane nicht anders schaffen kann als mit dem Bewusstsein: Was man schafft, geht zugrunde. Der Tod ist beigemischt demjenigen, was man schafft. Gerade die wichtigsten Dinge der neueren Zeit in Bezug auf den physischen Plan sind todbringende Institutionen. Und der Fehler liegt nicht darinnen, dass man das Todbringende schafft, sondern dass man sich nicht zum Bewusstsein bringen will, dass es todbringend ist.

Ein adäquates Verständnis für Geburt und Tod
erwirbt man sich mit dem Begriff der Reinkarnation

Daher ist es so unendlich wichtig, dass in diesem Zeitalter der Bewusstseinsseele der Mensch sich über Geburt und Tod im wahren Sinne, das heißt im Sinne der wiederholten Erdenleben, aufklärt, sonst wird er nie dazu kommen, im historischen Werden Verständnis für Geburt und Tod zu erwerben.

Das Wissen von den Toten in die Kulturwelt tragen

Die Toten sind ja fortwährend da. Sie sind sich bewegend, sich verhaltend in einer übersinnlichen Welt da. Wir sind nicht von ihnen getrennt durch unsere Realität, wir sind von ihnen nur getrennt durch den Bewusstseinszustand. Wir sind nicht anders von den Toten getrennt, als wir im Schlafe getrennt sind von den Dingen um uns herum: Wir schlafen in einem Raume, und wir sehen nicht Stühle und vielleicht anderes nicht, das in dem Raume ist, trotzdem es da ist. Wir schlafen im sogenannten Wachzustande mit Bezug auf Gefühl und Willen mitten unter den sogenannten Toten – wir nennen es nur nicht so –, geradeso wie wir die physischen Gegenstände nicht wahrnehmen, die um uns herum sind, wenn wir schlafen. Wir leben also nicht getrennt von der Welt, in der die Kräfte der Toten walten; wir sind mit den Toten in einer gemeinsamen Welt. Getrennt von ihnen sind wir für das gewöhnliche Bewusstsein nur durch den Bewusstseinszustand.

Dieses Wissen von dem Zusammensein mit den Toten wird einer der wichtigsten Bestandteile sein, welchen die Geisteswissenschaft dem allgemeinen Menschheitsbewusstsein, der allgemeinen Menschheitskultur für die Zukunft einzupflanzen hat. Denn die Menschen, welche glauben, dass dasjenige, was vor sich geht, nur dadurch vor sich geht, dass die Kräfte wirken, die man im Sinnesleben wahrnimmt, kennen eben nichts von der Wirklichkeit; sie wissen nicht, dass in das Leben, welches sich hier abspielt, die Kräfte der Toten fortwährend hereinwirken, dass sie fortwährend da sind.

Der Tod kann nur innerhalb des physischen Leibes begriffen werden

Das also, was als die Ursache aller folgenden Christus-Entwicklung auf der Erde sich abspielen musste, der Tod auf Golgatha und das dadurch Geschaffene, das kann auch nur innerhalb des physischen Leibes begriffen werden. Das ist unter allen Tatsachen, die uns wichtig sind für das höhere Leben, das Einzige, was nur innerhalb des physischen Leibes begriffen werden kann. Dann wird es weiter verarbeitet, wird es weiter ausgebildet in den höheren Welten. Aber begriffen müssen wir es zunächst haben innerhalb des physischen Leibes. Gerade wie das Mysterium von Golgatha niemals sich hätte in den höheren Welten abspielen können, wie es auch kein Urbild hat in den höheren Welten, sondern ein Ereignis ist, das, weil es den Tod in sich schließt, abgeschlossen ist innerhalb des physischen Planes, so muss auch das Verständnis dafür auf dem physischen Plan erworben werden. Ja, es gehört sogar geradezu zu den Aufgaben des Menschen auf der Erde, in irgendeiner seiner Inkarnationen sich dieses Verständnis zu erwerben.

Die Pforte des Todes im Lauf der Zeiten

In den alten Zeiten waren immer noch alte Erbgüter vorhanden aus den Zeiten, wo die Menschen atavistisches inneres Leben hatten, das von Spiritualität durchsetzt war. Dass der Mensch die Spiritualität sich erwerben muss, wenn er sie haben will, das tritt erst in unserer Zeit auf. Daher treten in unserer Zeit, und eigentlich erst vom Jahre 1879 ab, ganz bestimmte Erscheinungen auf. Heute sind sie, weil das äußere Anschauen so grob geworden ist, eigentlich nur klar ersichtlich, wenn man den Seelenblick wendet hinein in das Reich, das der Mensch betritt, wenn er durch die Pforte des Todes tritt. Denn in anderer Weise kommen die Seelen, die vor dem Jahre 1879 geboren sind, in der geistigen Welt an, wenn sie durch den Tod gehen, als alle die Seelen ankommen werden, die nach dem Jahre 1879 geboren sind. Es ist dieses ein tief einschneidendes Ereignis, um das es sich da handelt.

Geistesforschung heißt, an der Pforte des Todes zu stehen

Denn es hat zu allen Zeiten, ebenso, wie es die verschiedenen Kulturen bedingten, eine Art von Geistesforschung gegeben. Die heutige ist verschieden von denjenigen der früheren Zeiten; sie ist angemessen den Fortschritten der modernen Naturwissenschaft. Aber das, was durch sie erreicht wird, wurde auch erreicht durch die Methoden, die durch die verschiedenen Kulturen möglich geworden waren. So haben die Geistesforscher der verschiedensten Zeiten das eben angedeutete Erlebnis mit den Worten belegt: man sei als Mensch angekommen an der Pforte des Todes. – Und tatsächlich, was man sich zunächst vorstellen kann als erlebbar durch den Tod, das tritt ein. Es tritt nicht ein unmittelbar als eine Wirklichkeit; denn der Geistesforscher kehrt ja wieder in seinen Leib zurück und alles ist wie früher; er nimmt wieder die äußere Welt wahr. Alles das aber, was er erlebt, das ist das Bild von demjenigen, was sich wirklich zuträgt, wenn der Mensch durch die Pforte des Todes schreitet, wenn das äußere, physische Leben aufhört und das Leben nach dem Tode beginnt.

Das Verhältnis von Naturreich und Totenreich

Die Ergebnisse der Geisteswissenschaft zeigen, dass der Mensch zwischen Tod und Geburt ebenso Geistesreichen angehört, wie er zwischen Geburt und Tod den drei Reichen der Natur, dem mineralischen, pflanzlichen und tierischen, angehört.

Der Gang durch die Pforte des Todes

Der Mensch betritt, indem er durch die Todespforte geht, die geistige Welt, indem er von sich abfallen fühlt alles, was er durch die Sinne des Leibes und durch das Gehirn während des Erdenlebens an Eindrücken und an Seeleninhalten erworben hat. Sein Bewusstsein hat dann in einem umfassenden Tableau in Bildern vor sich, was an Lebensinhalt während des Erdenwandels in Form von bildlosen Gedanken in das Gedächtnis gebracht werden konnte, oder was zwar für das Erdenbewusstsein unbemerkt geblieben ist, doch aber einen unterbewussten Eindruck auf die Seele gemacht hat. Diese Bilder verblassen nach wenig Tagen bis zum Entschwinden. Wenn sie sich ganz verloren haben, so weiß der Mensch, dass er auch seinen Ätherleib abgelegt hat, in dem er den Träger dieser Bilder erkennen kann.

DIE SCHWELLE DES TODES

Das Leibgefüge nach dem Schwellenübergang

Mit dem Tode löst sich der physische Organismus von dem ätherischen und astralischen und von der Ich-Wesenheit los. Der Mensch trägt nun seinen ätherischen und astralischen Organismus sowie seine Ich-Wesenheit an sich. Durch das Wegfallen des physischen Organismus ist für das Bewusstwerden der ätherischen Organisation durch den Menschen kein Hindernis mehr da. Vor die Menschenseele tritt das Bild des eben verflossenen Erdenlebens. Denn dieses Bild ist nur der Ausdruck der gestaltenden Bildekräfte, welche in ihrer Summe den ätherischen Leib darstellen.

Das Ich sieht seinen physischen Leib schwinden

Würden wir beim Durchgang durch die Todespforte dieses Erlebnis nicht haben können, das wir wissentlich mitmachen, das Weggehen unseres physischen Leibes, so würden wir nach dem Tode niemals ein Ich-Bewusstsein entfalten können! Das Ich-Bewusstsein nach dem Tode wird angeregt durch dieses Erleben des Hinweggehens des physischen Leibes. Für den Toten ist es von größter Bedeutung: Ich sehe meinen physischen Leib von mir hinwegschwinden. – Und das andere: Ich sehe aus diesem Ereignis heraus in mir selber die Empfindung erwachsen: Ich bin ein Ich.

Der Materialist sieht nichts nach dem Tod

Es gibt so viele Menschen heute, die sagen: Ach, was brauchen wir uns um das Leben nach dem Tode zu kümmern. Wir können es ja abwarten. Wenn wir gestorben sind, werden wir schon sehen, was es da gibt nach dem Tode. – Aber das ist ein ganz unmöglicher Gedanke. Man sieht einfach nichts nach dem Tode, wenn man sich gar keine Gedanken über die geistige Welt im Leben gemacht hat, wenn man bloß materialistisch dahingelebt hat.

Der Todesaugenblick als etwas Schönes und Erhabenes

Von der anderen Seite erscheint der Tod als der lichtvollste Anfang des geistigen Erlebens, als dasjenige, was etwas Sonnenhaftes ausbreitet über das ganze spätere Leben zwischen dem Tode und einer neuen Geburt, dasjenige, was am meisten mit Freuden die Seele durchwärmt im Leben zwischen dem Tode und einer neuen Geburt, dasjenige, auf das immer wieder mit tiefer Sympathie zurückgeblickt wird. Das ist der Moment des Todes. Wenn wir ihn in irdischen Ausdrücken schildern wollen: Das Allererfreulichste, das Allerentzückendste im Leben zwischen dem Tode und einer neuen Geburt ist, von der anderen Seite angesehen, der Moment des Todes.

Der Moment des Todes geht bis zur neuen Geburt nicht mehr verloren

Ebenso wie wir uns im physischen Leben niemals crinnern an die Vorgänge unserer Geburt, ebenso klar haben wir vor uns unsere ganze Lebenszeit zwischen dem Tod und einer neuen Geburt hindurch den Moment des Todes, aber von der anderen Seite, von der Seite des geistigen Erlebens, gewissermaßen vom anderen Ufer aus.

Der Tod als Gestalter: Höheres wandelt Niederes

In der Natur ist etwas, was fortwährend ein Leben durch das andere zerstört und überwindet. Wer das empfinden kann, der wird auch – um gerade dieses ausgezeichnetste Beispiel zu wählen –, wenn er an die menschliche Gestalt, die natürliche menschliche Gestalt herantritt, empfinden können, dass diese menschliche Gestalt in ihren Formen etwas Geheimnisvolles enthält: dass in jedem Augenblick diese Gestalt, die sich im äußeren Leben verwirklicht, durch ein höheres Leben eigentlich getötet wird. Das ist das Geheimnis alles Lebens: Fortwährend und überall wird ein niederes Leben durch ein höheres Leben ertötet. Diese menschliche Gestalt, die durchdrungen ist von der menschlichen Seele, dem menschlichen Leben, sie wird durch die menschliche Seele, durch das menschliche Leben fortwährend getötet, fortwährend überwunden. Und zwar so, dass man sagen kann: Die menschliche Gestalt als solche trägt etwas an sich, was ganz anders wäre, wenn sie ganz sich selbst überlassen wäre, wenn sie ihrem eigenen Leben folgen könnte. Aber diesem ihrem eigenen Leben kann sie nicht folgen, weil ein höheres, ein anderes Leben in ihr ist, das dieses Leben ertötet.

Der Zusammenhang zwischen Tod und Bewusstsein

Was sich im physischen Tode einmal mit dem ganzen menschlichen Organismus vollzieht, das begleitet das menschliche Dasein während des Erdenlebens als eine Anlage, ja als ein sich fortwährend bildender Anfang des Sterbens immer fort. Und diesem Ersterben in sich verdankt der Mensch sein gewöhnliches Bewusstsein. Vor dieses Bewusstsein stellen sich der ätherische und der physische Organismus hin wie undurchsichtige Wesenheiten; der Mensch schaut nicht sie, sondern die Gedankenspiegelbilder, die sie ihm zurückwerfen und die er in seiner Seele erlebt. Die physische und ätherische Organisation verdecken ihm die astralische Organisation und die Ich-Wesenheit. Weil das Bewusstsein der Seele durch die Reflexion des physischen Organismus im gewöhnlichen Erdendasein erfüllt ist, kann der Mensch seine ätherische und astralische Organisation sowie seine Ich-Wesenheit nicht wahrnehmen.

Von der Erkenntnis des Toten zur Erkenntnis des Lebendigen

Wir tragen schon einen sehr stark toten Leib in uns, und insbesondere ist dieses Totsein für das menschliche Haupt richtig – wie ich Ihnen ja von einem anderen Gesichtspunkte auseinandergesetzt habe, dass das menschliche

Haupt überhaupt für die Wissenschaft der Eingeweihten als Leichnam, als Totes, als fortwährend Sterbendes wahrgenommen wird. Dessen wird sich immer mehr und mehr bewusst werden die Menschheit: dass sie eigentlich nur mit dem Leichnam erkennt und deshalb das Tote erkennt. Ebenso intensiv wird entstehen, je weiter wir der Zukunft entgegengehen, die Sehnsucht, wiederum das Lebendige zu erkennen. Aber man wird dieses Lebendige nicht durch die gewöhnliche Intelligenz, die an den Leichnam gebunden ist, erkennen. Es wird mancherlei notwendig sein, damit der Mensch, der verloren hat die Möglichkeit, auf lebendige Art in die Welt einzudringen, wiederum in solcher Weise in die Welt kommt. Man muss heute schon wissen, was der Mensch eigentlich alles verloren hat.

TOD ALS ICH-ERLEBNIS

Im Anblick des vergangenen Lebens zu sich selber kommen

Im Leben zwischen Tod und neuer Geburt haben wir ein Ich-Bewusstsein dadurch, dass wir die Kräfte bekommen haben, die ausgehen von der Anschauung des letzten Lebens. Wir stoßen gewissermaßen an dasjenige, was uns die Raumeswelt gibt, und gewinnen dadurch unser Ich-Bewusstsein für das Leben zwischen Geburt und Tod. Wir stoßen an das, was wir selbst erlebt haben zwischen Geburt und Tod im letzten Leben, und haben dadurch unser Ich-Bewusstsein für das Leben zwischen Tod und neuer Geburt.

Der Tod ist dazu da, dass wir uns,
indem wir uns zerstören, entwickeln

Sie nützen sich ab; und dieses Abnützen, das ist das allmähliche Älterwerden, Abgebrauchtwerden, das beim Menschen im Verlaufe des Lebens eintritt, und das ist auch der Grund, warum wir überhaupt physisch sterben. [...] Ja, wenn der Mensch fragt, wozu ist Zerstörung da, Altern da, Tod da, da muss man ihm antworten: Zerstörung, Altern, Tod ist dazu da, dass der Mensch, indem er zerstört, sich entwickelt, nämlich das Ich-Bewusstsein immer weiter entwickelt. Könnten wir nicht sterben – das ist der radikale Ausdruck dafür –, so könnten wir nicht wahrhaft Menschen sein. Wenn wir aber diese Tatsache in ihrer vollen Bedeutung auf unsere Seele wirken lassen, dann kann uns folgender Gedanke kommen, den uns der Okkultismus beantworten kann, nämlich der Gedanke: Als Menschen brauchen wir doch, wenn wir leben wollen, immer physischen Leib, Ätherleib, astralischen Leib und Ich. So wie wir im gegenwärtigen menschlichen Leben sind, müssen wir sagen, wir brauchen diese vier Glieder; damit wir aber das Ich-Bewusstsein erlangen können, müssen wir sie zerstören. Wir müssen sie immer wieder bekommen, damit wir sie immer wieder zerstören. Darauf beruht die Notwendigkeit der wiederholten Erdenleben, um die Möglichkeit zu haben, immer aufs Neue die menschlichen Leiber zu zerstören und uns dadurch gerade als bewusste Menschheitswesen weiterzuentwickeln.

Ich-Bewusstsein nach dem Tod

Würden wir beim Durchgang durch die Todespforte dieses Erlebnis nicht haben können, das wir wissentlich mitmachen, das Weggehen unseres physischen Leibes, so würden wir nach dem Tode niemals ein Ich-Bewusstsein entfalten können! Das Ich-Bewusstsein nach dem Tode wird angeregt durch dieses Erleben des Hinweggehens des physischen Leibes. Für den Toten ist es von größter Bedeutung: Ich sehe meinen physischen Leib von mir hinwegschwinden. – Und das andere: Ich sehe aus diesem Ereignis heraus in mir selber die Empfindung erwachsen: Ich bin ein Ich. – Man kann das paradoxe Wort aussprechen: Könnten wir unseren Tod nicht erleben von der anderen Seite, würden wir nach dem Tode nicht ein Ich-Bewusstsein haben können.

Der Tod wurde quälend, als das Wissen vom Ewigen abnahm

Die entscheidende Entwicklungsepoche für die Entwicklung des Ich-Erlebens der Menschheit ist diejenige, in die auch das Ereignis von Golgatha gefallen ist.

In dieser Zeit wurde für das gewöhnliche Bewusstsein das seelische Erleben eines Nachklanges des vorirdischen Daseins immer dumpfer. Der Mensch wurde mit dem, was er von sich selbst wissen kann, immer mehr auf das beschränkt, was sich ihm von sich selbst als physisch-sinnliches Erden-Sein offenbart.

Von diesem Zeitpunkt an bekam auch die Wahrnehmung des Todes eine neue Bedeutung. Vorher wusste der Mensch in der angedeuteten Art von seinem ewigen Wesenskerne. Er kannte denselben durch das Schauen des erwähnten Nachklanges so, dass ihm klar war, dieser werde vom Tode nicht berührt. In dem welthistorischen

Zeitabschnitt, in dem der Blick auf das physische Menschenwesen beschränkt wurde, stellte sich der Tod als ein quälendes Rätsel vor die Seele hin.

Dieses Rätsel wurde dem Menschen nicht durch die weitere Entwickelung bloß innerer Erkenntniskräfte gelöst. Es wurde ihm gelöst, indem das Ereignis von Golgatha in die Erdenentwicklung eintrat.

DIE MISSION DES TODES

Der Tod auf Golgatha als Ausgangspunkt aller künftigen Entwicklung

Man kann ja einen einzigen Satz hinstellen, eine einzige Angabe machen, dann hat man, obwohl äußerlich, charakterisiert den Ausgangspunkt des esoterischen Christentums, der christlichen Initiation: Es ist der Tod, der erlebt worden ist in der Vereinigung des Christus mit dem Jesus von Nazareth. Die Tatsache jenes Todes, die wir nennen das Mysterium von Golgatha, ist das, was verstanden werden soll aus dem Prinzip der christlichen Initiation. [...] Jeder Tod ist damit der Ausgangspunkt für etwas anderes. Es kann der Mensch nicht sterben, ohne dass er mitnimmt das, was ihm die Möglichkeit gibt, einstmals den Tod zu überwinden in seinen fortlaufenden Inkarnationen. Alle Schmerzen sind da, damit wir aus den Leiden heraus die Erfahrungen schöpfen, wie wir uns unserer fortlaufenden göttlichen Organisation anzupassen haben. Diese Frage kann aber nicht ohne Weiteres außer dem Zusammenhange mit der ganzen Evolution behandelt werden.

Ohne den Blick auf das Geistige ist der Tod nur Schmerz und Maya

Der Tod ist etwas, was am allermeisten zwei total voneinander verschiedene Seiten hat. Der Tod von hier aus, von der physischen Welt aus gesehen, hat gewiss viele trostlose Seiten, viele schmerzliche Seiten. Aber es ist wirklich so, dass man von hier aus den Tod von der einen Seite nur ansieht; wenn man aber gestorben ist, sieht man ihn von der anderen. Da ist er das befriedigendste, vollkommenste Ereignis, das man überhaupt erlebt, denn er ist da lebendige Tatsache. Während er hier ein Beweis dafür ist, auch für unsere Empfindung, für unser Gefühl, wie hinfällig, wie vergänglich das physische Leben des Menschen ist, ist der Tod, angeblickt von der geistigen Welt aus, gerade ein

Beweis dafür, dass immerdar der Geist den Sieg über alles Ungeistige davonträgt, dass immerdar der Geist das Leben ist, das unvergängliche, das nie versiegende Leben. Er ist gerade ein Beweis dafür, dass es keinen Tod gibt in Wirklichkeit, dass der Tod eine Maja, ein Schein ist. Darin liegt auch der große Unterschied zwischen dem Leben von dem Tode bis zu einer neuen Geburt und dem Leben hier von der Geburt bis zum Tode.

Tod ist Karma

Jeder muss sich seinem Karma fügen und soll nicht denken: Ich möchte in diesem oder jenem Lebensalter sterben; sondern man stirbt in dem Alter, in dem einen das Karma sterben lässt.

Nur der Tod ist keine Illusion

Wir sind ausgegangen davon, dass wir die Frage aufgeworfen haben, ob es innerhalb unserer Welt der Illusion, der Maja, gar nichts Wahrhaftiges gibt, ob es dort gar nichts von dem gibt, was sozusagen einer Wirklichkeit entspricht. Nehmen Sie einmal jetzt recht genau den Begriff, den wir eben vor unsere Seele hingestellt haben. Ich habe Ihnen von Anfang an gesagt: die Begriffe dieser unserer Betrachtungen sind einigermaßen kompliziert. Es wird also notwendig sein, dass wir sie nicht nur verstandesmäßig aufnehmen, sondern darüber meditieren, dann werden sie uns erst ganz klar werden. Aber nehmen wir jetzt diesen Begriff vom Tode, beziehungsweise den vom Erdigen; er zeigt uns ein ganz merkwürdiges Gesicht. Während wir bei allen anderen Begriffen uns sagen konnten: In Bezug auf das, was da in der Welt der Maja um uns herum ist, liegt eigentlich gar nichts Wahrhaftiges vor, sondern das Wahrhaftige ist ein ihm zugrunde liegendes Spirituelles –, haben wir jetzt etwas herausbekommen, wo dasjenige, was wir innerhalb der Maja haben, eigentlich gerade deshalb, weil es getrennt ist von seinem Sinn, weil es im Spirituellen sein sollte, sich als das Tote charakterisiert. Es ist damit in die Maja hinein etwas abgeschnürt, was eigentlich nicht in der Maja sein sollte. Überall im ganzen weiten Reiche der Maja oder der großen Illusion haben wir eben lauter Täuschungen, lauter Illusionen vor uns. Aber wir bekommen etwas in die Maja hinein, was dadurch einem Wahrhaftigen entspricht, dass es abgeschnürt wird von seinem eigentlichen Sinn im Spirituellen, und in dem Augenblick, wo es hereinkommt, tritt an es die Vernichtung, der Tod heran. Das sagt uns aber nichts Geringeres als die große okkulte Wahrheit: Innerhalb der Welt der Maja ist das Einzige, das sich in seiner Wirklichkeit zeigt, der Tod! Alle anderen Erscheinungen müssen wir zurückverfolgen auf ihr Wirkliches, alle anderen Erscheinungen, die in der Maja auftreten, haben hinter sich das Wahrhaftige: Nur der Tod ist innerhalb der Maja das Wahrhaftige, denn er besteht darin, dass von dem Wahrhaftigen etwas abgeschnürt und hereingenommen ist in die Maja. Daher ist der Tod innerhalb der Maja das einzig Wahrhaftige.

Der Tod als ein Wahrhaftiges

Damit haben wir in unseren Bemühungen, die Welt der Maja zurückzuführen auf das Wahrhaftige – wobei sich uns gezeigt hat, dass alles Feuer Opfer ist, alles Luftartige strömende, spendende oder schenkende Tugend, und alles Flüssige Verzichtleistung, Resignation –, heute zu diesen drei Wahrheiten diejenige hinzugefügt, dass das wahre Wesen der Erde oder des Festen der Tod ist, das Abgeschnürtsein von seinem Weltensinn bei irgendeiner Substanzialität. Dadurch aber, dass diese Abgeschnürtheit eintritt, tritt der Tod selber als ein Wahrhaftiges herein in die Welt der Maja oder der Illusion. Die Götter selbst könnten den Tod nicht einmal kennenlernen, wenn sie nicht in irgendeiner Weise herunterstiegen in die physische Welt, um den Tod in der physischen Welt, in der Welt der Maja oder der Illusion, in seiner Wahrheit zu begreifen.

TOD DER ERDE

Die Erde wird untergehen

Sie [die Naturwissenschaft] muss sich beziehen auf dasjenige von der Erde, was einmal der Erdenleichnam wird. In dem aber, was wir erfassen im Rhythmischen, was wir zum Beispiel ausgießen in Versen, in Bildern, überhaupt in Geistigem, sodass es lebt, wie es in den Rhythmen lebt, und was wir intuitiv erfassen in unseren moralischen Idealen, in dem schaffen wir etwas, was den Erdentod überdauert, wie die einzelne menschliche Seele den menschlichen Tod überdauert. Die Erde wird zugrunde gehen nach den Naturgesetzen, die wir heute erkennen; nach diesen Gesetzen wird die Erde zugrunde gehen. Und nach den Gesetzen, die wir erkennen, indem wir uns der geistigen Welt nähern, und nach den Gesetzen, die wir erkennen, wenn wir moralische Intuitionen fassen, wenn wir wirklich religiöse Intuitionen fassen, nach diesen Gesetzen bildet sich die Seele, bilden sich die Menschenseelen, die die Erde, wenn sie tot abfällt, verlassen werden zu neuem zukünftigem Dasein.

Und so ist es, dass wir heute eine offiziell anerkannte Wissenschaft haben: sie lehrt das Tote, sie lehrt das, nach dem die Erde einstmals im großen Weltengrabe zugrunde gehen wird. Und wir brauchen eine Geisteswissenschaft, die sich ernsthaft bemüht um das Wort des Christus Jesus: «Himmel und Erde werden vergehen, aber meine Worte werden nicht vergehen.»

Schlaf und Tod

Man kann das Wesen des wachen Bewusstseins nicht durchdringen ohne die Beobachtung desjenigen Zustandes, welchen der Mensch während des Schlafens durchlebt; und man kann dem Rätsel des Lebens nicht beikommen, ohne den Tod zu betrachten. Für einen Menschen, in dem kein Gefühl lebt von der Bedeutung der übersinnlichen Erkenntnis, können sich schon daraus Bedenken gegen diese ergeben, wie sie ihre Betrachtungen des Schlafes und des Todes treibt. [...]

Die lebenden Wesen verfallen dem Tode, damit neues Leben entstehen könne. Es ist eben die Erkenntnis des Übersinnlichen, welche klares Licht verbreitet über den schönen Satz Goethes: «Die Natur hat den Tod erfunden, um viel Leben zu haben.» Wie es kein Leben im gewöhnlichen Sinne geben könnte ohne den Tod, so kann es keine wirkliche Erkenntnis der sichtbaren Welt geben ohne den Einblick in das Übersinnliche. Alles Erkennen des Sichtbaren muss immer wieder und wieder in das Unsichtbare untertauchen, um sich entwickeln zu können.

Mit dem gehirngebundenen Denken kam die Furcht vor dem Tod

Als das Denken noch lebendig war, fürchtete der Mensch sich nicht im Allergeringsten vor dem Tode. Der Tod war ja für ihn kein außergewöhnliches Ereignis. Das ist etwas außerordentlich Wichtiges in der Geschichte der Menschheitsentwickelung, dass die Menschen den Tod ganz anders genommen haben, als etwas ganz Selbstverständliches, während, als die Menschen das Bewusstsein von dem vorirdischen Dasein immer mehr und mehr verloren haben, das abstrakte Denken, das den physischen Leib zum Werkzeug hat, immer mehr die Furcht vor dem Tode brachte und den Glauben, dass der Tod etwas Abschließendes sei.

Träume von Toten als das Echo unserer Fragen

Und weitaus die meisten Träume, wenn sie auch inhaltlich nicht zutreffend sind, die meisten Träume, die wir gerade von Toten haben, die deuten wir nur falsch. Wir deuten sie wie Botschaften von Toten, aber sie sind nichts anderes als das Nachklingen der Fragen oder Mitteilungen, die wir zu den Toten hin gerichtet haben. Wir sollen nicht glauben, die Toten sagen uns etwas, wenn wir träumen, sondern wir sollen in den Träumen etwas sehen, was von unserer eigenen Seele weggeht, und was also hin zu den Toten geht. Der Traum ist der Nachklang dessen.

Mögliche Erfüllung trotz Verlust

Derjenige, der durch die Pforte des Todes gegangen ist, kann oftmals während der Zeit, während Seelen, die ihm nahegestanden haben, noch auf der Erde weilen, dadurch, dass er nun mit den Gedanken dieser Seelen zusammen ist, die Gedanken dieser Seelen durchdringt, durchströmt, jene notwendige, nach dem Karma notwendige Vertiefung herbeiführen, die er durch die Verhältnisse, die das Leben sonst gebracht hätte, nicht hatte herbeiführen können, wenn er nicht durch die Pforte des Todes gegangen wäre. So gehört es durchaus zu einer richtigen Erfüllung des Karma oftmals dazu, dass auf der einen Seite der Schmerz hier ertragen wird und auf der anderen Seite das intensivere Zusammensein mit den Gedanken der Zurückgebliebenen hier.

Wechselwirkung in der Beziehung zu den Verstorbenen

So hängt die Art und Weise, wie der Tote in uns hereinwirken will und wie er selbst erlebt bei diesem Hereinwirken, sehr, sehr ab von der Stimmung unserer Seele. Das Hereinwirken geschieht immer; aber es hängt in der Art des Hereinwirkens sehr, sehr viel von der Stimmung unserer Seele ab. [...] Da ist aber eine fortwährende Wechselbeziehung zwischen demjenigen, was da vorgeht in dem Reiche derer, die durch die Pforte des Todes gegangen sind, und unseren eigenen Seelen.

Sieben Lebensgeheimnisse des Todes

Es gibt sieben Lebensgeheimnisse, von denen man bis heute außerhalb der okkulten Bruderschaften noch niemals gesprochen hat. Erst in der gegenwärtigen Zeitepoche ist es möglich, exoterisch davon zu sprechen. Man nennt sie auch die sieben unaussprechlichen oder namenlosen Geheimnisse.

Wir wollen versuchen, vom vierten Geheimnis zu sprechen, dem des Todes.

Dies sind die Geheimnisse:

Erstens:	Das Geheimnis des Abgrunds.
Zweitens:	Das Geheimnis der Zahl. Man kann es in der pythagoreischen Philosophie studieren.
Drittens:	Das Geheimnis der Alchimie. Dieses kann man durch die Werke von Paracelsus und Jakob Böhme begreifen.
Viertens:	Das Geheimnis des Todes.
Fünftens:	Das Geheimnis des Bösen, das die Apokalypse behandelt hat.
Sechstens:	Das Geheimnis des Wortes, des Logos.
Siebentens:	Das Geheimnis der Gottseligkeit; es ist das zutiefst verborgene.

FRÜHER TOD UND SPÄTER TOD

Tod in den ersten Lebenstagen

Was bedeutet es, wenn ein Kind nur ein paar Tage lebt und dann stirbt? – Es zeigt uns nun die okkulte Wissenschaft, dass ein so kurzes Leben doch einen Sinn hat. Oft hat das Wesen, das in diesem Kinderleibe ist, vieles ausbilden können, aber bisweilen hat es eines nicht ausbilden können, zum Beispiel ganz gesundes Sehen. Nehmen wir an, jemand ist in einer Inkarnation ein vorzüglicher Mensch gewesen, hatte aber ein schwaches Sehvermögen. Dann wird es geschehen, dass ein solcher später in einer Inkarnation nur wenige Tage lebt, nur um das, was ausgeblieben ist in dem vorigen Leben wegen seiner schwachen Augen, auszugleichen. In diesem Falle muss man diese Inkarnation zu der vorigen mitrechnen. Man unterschätzt im Allgemeinen sehr die Bedeutung des Lernvermögens von dem Kinde in den ersten Tagen. Wenn das Kind lernt, ins Licht zu sehen, so ist dazu mehr Kapazität notwendig als zu alledem, was man lernt im ersten akademischen Semester.

Das früh verstorbene Kind bleibt uns geistig verbunden

Wenn junge Kinder dahinsterben, so ist das Geheimnis des Zusammenseins mit den Kindern, die gestorben sind, dadurch auszusprechen, dass man sagt: Geistig betrachtet verliert man eigentlich diese Kinder nicht. Sie bleiben geistig da. Kinder, die früh im Leben sterben, sind eigentlich wirklich in hohem Grade immer geistig unmittelbar da. [...] Ich möchte als Meditationssatz vor Ihre Seelen hinstellen, den man weiter durchdenken kann, dass Kinder, wenn sie uns hinsterben, für uns nicht verloren sind; wir verlieren sie nicht, sie bleiben geistig immer da.

Frühverstorbene als Helfer der Menschen

Helfer können aber auch uns die Hingestorbenen werden. Manche wissen sehr wohl, was sie den Toten verdanken. In Bezug auf geistige Erkenntnis kann manches den Toten verdankt werden, und diese Erfahrung war zum Beispiel mir immer eine außerordentlich wichtige, dass Tote, früh Hingestorbene gerade Helfer waren. Dabei handelt es sich nicht immer darum, dass derjenige, der durch die Pforte des Todes gegangen ist, hier auf der Erde nun intellektuell hervorragend gewesen sein müsste, wenn er den Lebenden helfen wollte. Oft sterben junge Kinder, und doch sind sie oft fortgeschrittene Seelen in der geistigen Welt und können uns vieles sagen. Wer die Sache nur intellektuell betrachtet, der wird nicht eindringen können in solche Geheimnisse.

Man stirbt nicht umsonst vor dem 35. Jahr

Es gibt Menschen, die sterben jung, sagen wir vor dem fünfunddreißigsten Jahr, um diese Grenze zu haben. Solche Menschen sind durch diesen Tod in einer ganz anderen Lage als diejenigen Menschen, die nach dem fünfunddreißigsten Lebensjahre sterben. Stirbt man vor dem fünfunddreißigsten Lebensjahr, so ist es so, dass man noch nähersteht der Welt, aus der man bei der Geburt herausgekommen ist. Und das fünfunddreißigste Lebensjahr ist eine wichtige Grenze. Da überschreitet man gleichsam eine Brücke. Da zieht sich die Welt, aus der man herausgegangen ist, zurück, und man gebiert mehr aus dem Innern heraus eine neue geistige Welt. Das ist wichtig, dass wir das unterscheiden. Und nun stirbt ein Mensch vor dem fünfunddreißigsten Lebensjahr. Wird er dann wiederverkörpert, so wächst ihm in einer gewissen Weise die Kraft zu, die er nicht verwendet hat in der Lebenszeit, die auf das fünfunddreißigste Lebensjahr folgen würde. Solche Menschen, die in einer Inkarnation vor dem fünfunddreißigsten Jahr durch den Tod gehen und dadurch für diese Inkarnation die Kräfte sparen, die sonst aufgebraucht worden wären, wenn sie fünfzig, sechzig, siebzig Jahre alt geworden wären, bei denen summiert sich diese Kraft, die sie da erspart haben, mit den Kräften, mit denen sie sich in die nächste Inkarnation einverleiben, und dadurch werden solche Seelen in Leibern geboren, durch die sie imstande sind, zumeist in ihrer Jugend, mit starken Eindrücken dem Leben entgegenzutreten.

Mit anderen Worten, wenn solche Seelen, die in der vorhergehenden Inkarnation vor dem fünfunddreißigsten Jahr gestorben sind, sich wieder inkarnieren, so macht alles auf sie einen starken Eindruck. Es entrüstet sie etwas stark, sie freuen sich stark, sie haben lebhafte Empfindungen, und es drängt sie rasch zu Willensimpulsen. Das sind solche Menschen, die dann stark in das Leben hineingestellt werden, die ihre Mission bekommen. Man stirbt nicht umsonst vor dem fünfunddreißigsten Lebensjahr, sondern man wird dann hineingestellt in das Leben in einer ganz bestimmten Weise.

Wir sterben, weil wir das Leben nicht mehr verarbeiten können

Nun, da muss ich allerdings zunächst sagen, ganz konkret angesehen tritt der Tod des Menschen dann ein, wenn seine ganze innere Organisation so ins Physische übergegangen ist, dass kein Ernährungsprozess, kein durchgreifender Ernährungsprozess mehr eingeleitet werden kann. Das ist der Alterstod. Der Alterstod ist eigentlich das Unfähigwerden, die Stoffe im Organismus aufzunehmen. Im Grunde genommen ist diese Erscheinung, die deshalb so wenig beobachtet werden kann, weil gewöhnlich durch andere Ursachen der Mensch früher stirbt, als der eigentliche Marasmus in seiner Vollblüte oder eigentlich Unblüte eintritt, noch nicht ganz beobachtet. Aber es ist tatsächlich ein Versagen der Ernährung. Der Körper kann nicht mehr die Ernährung voll durchführen; er ist dazu zu physisch geworden […].

Wenn die zerstörenden Kräfte die aufbauenden überwiegen

Der Leib aber des erwachsenen Menschen, oder überhaupt des Kindes von einem bestimmten Lebensalter an, bietet vom Standpunkte des Schlafes aus gesehen eigentlich fortwährend einen Prozess des Vergehens, des Zerstörens. Es werden zwar jede Nacht während des Schlafes die zerstörenden Kräfte wieder durch die Wachstumskräfte ertötet; es wird in der Nacht ausgeglichen, was der Tag zerstört, aber es ist immer ein Überschuss der zerstörenden Kräfte vorhanden. Und dass immer ein Überschuss von zerstörenden Kräften da ist, das macht es, dass wir überhaupt sterben. Es summieren sich die Differenzen, die da bleiben. Jede Nacht bleibt doch immer eine Differenz zurück. Die Kräfte, die während der Nacht ersetzt werden, sind nie genauso groß wie die, welche im Tagesleben verbraucht worden sind, sodass im normalen Leben des Menschen täglich immer ein gewisser Rest von zerstörenden Kräften zurückbleibt. Und da dieser Rest, der jeden Tag zurückbleibt, sich hinzurechnet zu dem andern, so tritt der natürliche Alterstod ein, wenn dann die Summe so groß ist, dass die zerstörenden Kräfte die aufbauenden überwiegen.

SCHICKSALSWIRKUNGEN IN TODESUMSTÄNDEN

Verfrühter Tod und geistige Ursachen

Sehen Sie, alles, was in der Welt hier im physischen Leben geschieht, wird dirigiert, wird verursacht zuletzt von der geistigen Welt aus. Wir haben öfters betrachtet den naturgemäßen Alterstod, der für den Menschen eintreten muss, weil er dasjenige ist, was uns eigentlich treffen muss aus dem Grunde, damit das Leben von Inkarnation zu Inkarnation in richtiger Weise vor sich gehen kann. Aber es gibt, wie wir wissen, nicht nur diesen in der Evolution gut begründeten Alterstod; es gibt auch einen Tod, der den Menschen befällt in der Blüte der Jugend, in der Kindheit schon. Es gibt in der Welt die mannigfaltigsten Krankheiten, Seuchen und so weiter, die in das menschliche Leben hineintreten. Und sie werden zuletzt nicht bloß bewirkt durch physische Ursachen, sondern sie werden bestimmt, dirigiert von der geistigen Welt herein.

Folgen eines gewaltsamen Todes

Nehmen wir zum Beispiel den gewaltsamen Tod, der in ein Leben hereintritt, sei es dadurch, dass man verunglückt, oder auf irgendeine andere Weise, kurz, gewaltsam. Das ist der Hereintritt eines Ereignisses, das das Leben in diesem Erdendasein auflöst. Von diesem einmaligen Eintritt des Todes hängt ebenso die Entwickelung des Geistbewusstseins für die geistige Welt nach dem Tode ab. […]

Der Geistesforscher hat die Mittel, in einem Erdenleben zu untersuchen, was da auftreten kann, wenn in einem vorigen Erdenleben ein gewaltsamer Tod eingetreten ist.

Wenn man über solche Dinge heute spricht, so weiß man selbstverständlich, dass allerlei Menschen sagen: Das ist töricht, kindisch, phantastisch. – Aber die Ergebnisse sind ebenso gesicherte wissenschaftliche – nur solche bringe ich vor – wie die der Naturwissenschaft. Wenn ein gewaltsamer Tod in ein Leben eingreift, so zeigt sich dieses im nächstfolgenden Erdenleben so, dass dieser Tod nachwirkt, indem er in ganz bestimmten Lebensjahren des nächstfolgenden Lebens irgendwie eine Richtungsänderung des Lebens hervorbringt. [...] Tritt der Tod spontan aus dem Innern durch Krankheit oder durch Altern auf, so hat der Tod viel mehr als für das nächste Erdenleben eine Bedeutung für das Leben zwischen dem Tod und einer neuen Geburt.

Tode zur Unzeit – geistig dennoch an der Zeit

Von diesem Tode wollen wir jetzt nicht sprechen. Aber es gibt andere Tode. Es gibt diejenigen Tode, durch die der Mensch in der Blüte seines Lebens durch äußere Unglücksfälle oder durch Krankheiten hingerafft werden kann. Wir sterben nicht alle, nachdem das Maß unseres Lebens erfüllt ist. Die Menschen sterben in jedem Lebensalter, und fragen müssen wir uns: Woher kommen denn die Kräfte, welche diesen Toden in den verschiedenen Lebensaltern zugrunde liegen? Das verstehen wir, dass der Mensch, wenn seines Lebens Maß erfüllt ist, einmal sterben muss. Wie das aus den geistigen Welten heraus sich motiviert, haben wir oft gesehen. Aber alles, was in der physischen Welt geschieht, geschieht durch Einflüsse aus der geistigen Welt. Auch die Tode, die gewissermaßen zur Unzeit eintreten, geschehen durch Einflüsse aus der geistigen Welt; das heißt, sie werden veranstaltet durch Kräfte und Wesenheiten der geistigen Welt.

Die Rolle Luzifers und Ahrimans

Wir gehen hin, und dann wiederum zurück im Leben zwischen Tod und neuer Geburt. Bei dem Hingang ist besonders Luzifer, beim Zurückgehen gegen die neue Geburt zu besonders Ahriman an unserer Seite. Denn der führt uns wiederum zur Erde zurück, der ist bei der Rückwanderung in der zweiten Hälfte eine wichtige Persönlichkeit. Und auch er kann denjenigen Menschen, die nicht an ihn glauben wollen in ihrem Leben zwischen der Geburt und dem Tode, gewissermaßen Schlimmes zufügen. Er gibt ihnen nämlich dann zu viel von seinen Kräften. Er verleiht ihnen das, was er immer übrig hat, diejenigen Kräfte, die mit der irdischen Schwere zusammenhängen, die über die Menschen Krankheit und frühzeitigen Tod verhängen, die allerlei Unglücksfälle, die wie Zufälle aussehen, in das Erdendasein hineinbringen und so weiter. Das alles hängt zusammen mit diesen ahrimanischen Gewalten.

Tod durch Unglücksfälle und der mögliche Schicksalszusammenhang

Es ist nämlich für den, der die Verhältnisse der Welt vom geistigen Gesichtspunkte aus zu beobachten vermag, durchaus klar, dass derjenige, der einem Unglücksfall entgegengeht, durch den guten Genius, der in seinem Unterbewusstsein wirkt, nicht behütet wird, sondern dem Unglücksfall entgegengeht, dass er durch eine Notwendigkeit seines Karmas zu diesem Unglücksfall getrieben wird. Denn würde dieser Unglücksfall nicht eintreten, so würde eben das nicht eintreten können, was ich charakterisiert habe: die für ihn notwendige Stärkung seines Ich-Bewusstseins in der angedeuteten Weise. Der Mensch lebt sich herein in einem gewissen Erdenleben durch die Geburt in die Verhältnisse, in die er eben hineingestellt ist. Er lebt sich herein, aber so, dass er an sich selber beobachtet hat im letzten Leben zwischen dem Tod und einer neuen Geburt, dass sein Ich in einer gewissen Weise schwach an Kräften ist. Dieser Trieb, sein Ich zu stärken, lebt in ihm und führt ihn mit den Verhältnissen zusammen, die seinen Unglücksfall bewirken. So muss diese Sache angesehen werden, an diesen Dingen sehen Sie, dass das Leben Zusammenhang gewinnt, wenn man es von diesem Gesichtspunkt der geisteswissenschaftlichen Erkenntnis betrachtet.

Aufflammender Geist im gewaltsam zerstörten Organismus

Das ist das ungeheuer Bedeutungsvolle im Todesmoment, dass der Mensch zurückschaut, wie sein Organismus den physischen Naturkräften ausgeliefert wird. Wenn ein Mensch gewaltsam den Tod erleidet, wird er plötzlich nicht nur denjenigen Naturkräften ausgeliefert, welche die normalen sind, sondern er wird als Organismus durch den Kugeldurchschuss so behandelt wie ein unorganischer, unlebendiger Körper, er wird ganz ins Unorganische versetzt. Es ist ein großer Unterschied, ob man dahinsiecht, oder ob man plötzlich den Tod erleidet dadurch, dass von außen das Universum, sei es in Form einer Kugel oder in anderer Form, in den menschlichen Organismus eingreift. Da geschieht ein plötzliches Aufleuchten, ein Auffeuern von unendlich viel Geistigkeit. Es ist ein Überflammen einer geistigen Aura, welches sich da vollzieht. Und derjenige, der durch die Pforte des Todes gegangen ist, schaut auf dieses Aufflammen zurück. Dieses Aufflammen, das ist sehr ähnlich dem, was nur dann zustande kommt, wenn die Menschen sich spirituellen Begriffen hingeben.

Die Zeit nach dem Suizid

Aber bei einer so gewaltsamen plötzlichen Trennung vom Körper wie bei einem Selbstmörder, wo noch alles gesund ist und noch fest zusammenhält, da tritt unmittelbar nach dem Tode eine starke Entbehrung des physischen Körpers auf, die furchtbare Leiden verursacht. Es ist ein furchtbares Schicksal. Der Selbstmörder fühlt sich wie ausgehöhlt und beginnt nun ein grausiges Suchen nach dem so plötzlich entzogenen physischen Körper. [...]

Es wird nun mancher sagen: Der Lebensüberdrüssige hängt ja gar nicht mehr am Leben, sonst hätte er es sich nicht genommen. – Das ist eine Täuschung, denn gerade der Selbstmörder hängt zu sehr am Leben; weil es ihm aber die Befriedigung gewohnter Genüsse nicht mehr bietet, weil es ihm vielleicht durch veränderte Verhältnisse manches versagt, darum geht er in den Tod, und darum ist ihm nun die Entbehrung des physischen Körpers unsagbar groß.

Die Suche nach dem Körper

Wenn der Mensch Selbstmord begeht, hat er sein Ich mit dem physischen Körper identifiziert. Daher entsteht nachher umso heftiger die Gier nach dem physischen Körper. Er kommt sich dann vor wie ein ausgehöhlter Baum, wie einer, der sein Ich verloren hat. Er hat dann einen fortwährenden Durst nach sich selbst.

Wenn der Mensch gewaltsam getötet wird, ist er in einer ähnlichen Lage. Bei dem Menschen, der eines gewaltsamen Todes stirbt, bleibt bis zu der Zeit, zu der er sonst gestorben wäre, das Suchen nach seinem physischen Körper, nach seinem Selbst.

Hinwendung zum Verstorbenen nach Suizid

Seele im Seelenlande,
suche des Christus Gnade
die dir die Hilfe bringet,
die Hilfe aus Geisterlanden,
die auch jenen Geistern Friede
verleiht, die im friedelosen
Erleben verzweifeln wollen.

An eine Mutter für ihren Sohn,
der sich das Leben nahm

Trost nach Suizid

1. Dein Wille war schwach
2. Stärke Deinen Willen
3. Ich schicke Dir
   Wärme für Deine Kälte
4. Ich schicke Dir
   Licht für Deine Finsternis
5. Meine Liebe Dir

6. Mein Gedanke Dir
7. Werde weiter

An Franz Gerner
für einen durch Selbstmord verlorenen Freund

Opfertod und seine mögliche Kraftwirkung

Das geistige Korrelat, der geistige Parallelvorgang davon muss, weil alles Physische von der geistigen Welt aus geleitet wird, hereinfließen in die physischen Vorgänge der Menschheitsentwickelung in die Zukunft hinein. Aber fruchtbar wird das nur werden können, wenn Menschenseelen hier auf Erden in ihren physischen Leibern ein Bewusstsein haben werden, dass sie mit dem, was von den zahlreichen, Tausenden und Abertausenden von Opfertoden fortlebt in der geistigen Welt, ein Wirksames und Helfendes haben, unter das sie sich gleichsam stellen können, um in die Zukunft hinein auch auf der Erde selber hier zu wirken, vereint mit den Toten durch das Bewusstsein, das die Seele haben kann von der Wirklichkeit einer geistigen Welt.

Die Bedeutung eines Opfers für die Menschheitsentwicklung

Wer sind denn diejenigen, die vorzugsweise für das Allgemeine der Menschheit arbeiten, die sich allgemeine Aufgaben stellen in späteren Inkarnationen? Es sind diejenigen, die in einer früheren Inkarnation in irgendeiner Weise einen Opfertod durchgemacht haben. Die hingebungsvollen, dem Geistigen hier auf der Erde zugeneigten Naturen, die verdanken das ihrem ein Martyrium zu nennenden Leben in einer vorhergehenden Inkarnation. Die Erde könnte nicht fortschreiten, wenn sich nicht Menschen opfern würden.

Der Opfertod braucht die Resonanz der Menschen auf der Erde, um wirksam zu werden

Daher wird eine Zeit kommen, in der die Kräfte, die in diesen Ätherleibern sind, benützt werden können zum geistigen Fortschritt der Menschheit, aber nur dann, wenn etwas wird erstanden werden können davon, dass alle diejenigen, die früher hineingegangen sind in die geistige Welt, ihre Ätherleiber da oben haben, ihre Kräfte einstrahlen können. Von diesen Seelen [hier auf der Erde] wird das begriffen werden müssen. Und diese Seelen werden mitarbeiten können an diesem geistigen Fortschritt, der gerade durch so viele Opfertode für die Zukunft möglich ist.

Denken Sie, was es bedeuten würde, wenn Geisteswissenschaft jetzt verschwinden würde und niemand Verständnis hätte für alles dasjenige, was durch ihre Opfertode in der geistigen Welt vorbereitet wird! Diese ganze Summe von Kräften würde an geistige Wesen verfallen, die sie zu etwas anderem verwenden, als wozu sie nach dem Ratschluss der rechtmäßig sich fortentwickelnden Götter verwendet werden sollen.

LEBEN MIT DEN TOTEN

Die Gemeinschaft mit Lebenden und mit Toten

Zu wissen, dass der Mensch in dem Augenblicke, wo es sich um sein Leben in menschlicher Gemeinschaft handelt, auch in Gemeinschaft mit den Toten handelt, das wird ein Bedeutsames sein in der Entwickelung der Menschen in der Zukunft.

Die Notwendigkeit des Kontakts zu den Verstorbenen

Deshalb ist es notwendig, dass die Lebenden den Verkehr mit den Toten aufrechterhalten, damit das gewöhnliche Leben der Menschen bereichert werde durch diesen Verkehr mit den Toten. Wenn man doch nur den Menschen der Gegenwart dies ans Herz legen könnte, dass das Leben verarmen muss, wenn der Toten vergessen wird! Und richtiges Gedenken der Toten können doch nur diejenigen entwickeln, die irgendwie karmisch mit ihnen verbunden waren.

«Sie alle verkehren fortwährend mit Toten.»

Sehen Sie, was ich jetzt auseinandergesetzt habe, das findet fortwährend statt. Sie alle, wie Sie hier sitzen, Sie verkehren fortwährend mit Toten, nur wissen es die Menschen im gewöhnlichen Leben nicht, weil es sich im Unterbewussten vollzieht. Das hellsichtige Bewusstsein, das zaubert nichts Neues hervor; es hebt nur dasjenige, was vorhanden ist in der geistigen Welt, eben zum Bewusstsein herauf. Sie alle verkehren fortwährend mit Toten.

Wärmeerlebnisse: Wie kann man wissen, dass der Tote mich wahrnimmt?

Eine Frage, die im Zusammenhang mit alledem sehr häufig sich ergibt, ist diese: Ja, wie kann man wissen, ob der Tote wirklich zuhören kann? Nun, ohne den hellsichtigen Blick ist es schwierig, das zu wissen, obwohl man sich allmählich, wenn man sich mit dem Andenken an die Toten beschäftigt, von einem Gefühl wird überrascht finden: der Tote hört zu. Man wird dieses Gefühl nur dann nicht haben, wenn man unaufmerksam ist und auf jene eigentümliche Wärme nicht achtet, die sich oft beim Vorlesen verbreitet. Man kann sich wirklich ein solches Gefühl aneignen. Kann man das aber nicht tun, meine lieben Freunde, so muss gesagt werden, dass in dem Verhalten zur geistigen Welt ja auch in diesem Falle eine Regel zur Anwendung kommen muss, die oftmals berücksichtigt werden muss. Das ist die Regel: Ja, wenn wir vorlesen dem Toten, so nützen wir ihm unter allen Umständen, wenn er uns hört!

Wir sind nur durch unseren anderen Bewusstseinszustand von den Toten getrennt

Die Toten sind ja fortwährend da. Sie sind sich bewegend, sich verhaltend in einer übersinnlichen Welt da. Wir sind nicht von ihnen getrennt durch unsere Realität, wir sind von ihnen nur getrennt durch den Bewusstseinszustand. Wir sind nicht anders von den Toten getrennt, als wir im Schlafe getrennt sind von den Dingen um uns herum: Wir schlafen in einem Raume, und wir sehen nicht Stühle und vielleicht anderes nicht, das in dem Raume ist, trotzdem es da ist. Wir schlafen im sogenannten Wachzustande mit Bezug auf Gefühl und Willen mitten unter den sogenannten Toten – wir nennen es nur nicht so –, geradeso wie wir die physischen Gegenstände nicht wahrnehmen, die um uns herum sind, wenn wir schlafen.

Die Toten sind mitten unter uns

Nicht schwer wird es Ihnen sein, zu verstehen, dass in derselben Welt, in der wir sind als sogenannte Lebende, auch die Toten sind. Wir sind von ihnen nicht anders getrennt als dadurch, dass wir die Welt, in der sie sind, in der sie leben und weben, nicht wahrnehmen. Immer sind um uns diejenigen, die tot sind, immer sind um uns diejenigen Wesen, die da leben, ohne dass sie es zu einer physischen Inkarnation gebracht haben. Wir nehmen sie nur nicht wahr. Sie brauchen sich nur die Vorstellung zu bilden eines im Zimmer schlafenden Menschen: die Gegenstände sind um ihn herum, er nimmt sie nicht wahr. Dass irgendetwas nicht wahrgenommen wird, ist ja kein Beweis dafür, dass es nicht da ist. Es sagt überhaupt gar nichts darüber aus, ob es um uns da ist oder nicht. In der Tat sind wir mit Bezug auf die Welt der Toten ganz in derselben Lage, in der wir mit Bezug auf die physischen Wesen sind, wenn wir schlafen. Wir leben in derselben Welt, in der die Toten und in der die übergeordneten Reiche der höheren Hierarchien sind; sie sind mitten unter uns, wir sind nur durch unsere Art des Bewusstseins von ihnen getrennt.

Die Steigerung der Wesensnähe

Kurz, wir werden gut tun, wenn wir in einer pietätvollen, heiligen Weise den Zusammenhang uns ins Bewusstsein bringen, der nicht bloß besteht zwischen unserer Welt und einer abstrakten, pantheistisch-verschwommenen geistigen Welt, sondern der realen geistigen Welt, worinnen diejenigen, die durch die Pforte des Todes gegangen sind, reale Wesenheiten sind, die mit uns sind, so wie sie im Leben waren, nur dass dasjenige, was sie mit uns zusammen wirken, viel näher unserer Seele geht als das, was sie im Leben gewirkt haben, wo wir immer durch unseren und ihren Leib getrennt waren, der wie eine Barriere zwischen uns stand.

Impulse längst verstorbener Menschen

Aber in dieser Weise wirken auch in sehr umfänglicher Art die Toten in unser Leben herein. Es ist durchaus so, dass wir in uns tragen in Bezug auf die ganze geistige Art, in der wir stecken, die Impulse der längst verstorbenen Menschen, die da hereinwirken. Dadurch wird überhaupt der Zusammenhang der Zukunft mit der Vergangenheit bewirkt, dass ein solcher Zusammenklang der Toten mit den Lebenden stattfindet.

Gebete für die Verstorbenen

Es empfangen Angeloi, Archangeloi, Archai
    im Ätherweben
das Schicksalsnetz des Menschen.
Es verwesen in Exusiai, Dynamis, Kyriotetes
im Astralempfinden des Kosmos
die gerechten Folgen des Erdenlebens des Menschen.
Es auferstehen in Thronen, Cherubim, Seraphim
als deren Tatenwesen
die gerechten Ausgestaltungen des Erdenlebens
    des Menschen.

Meine Liebe sei den Hüllen,
Die Dich jetzt umgeben –
Kühlend Deine Wärme,
Wärmend Deine Kälte –
Opfernd einverwoben!
Lebe liebgetragen,
Lichtbeschenkt, nach oben!

Alles ist radikal umgekehrt

Wenn man den äußeren, also jetzt geistig äußerlichen Vorstellungsvorgang schildern wollte, mit dem sozusagen der Lebensweg beginnt, der zwischen dem Tod und einer neuen Geburt verläuft, so könnte man sagen, der durch die Pforte des Todes Geschrittene hat zunächst das Gefühl: Du bist jetzt in einem ganz anderen Verhältnisse zur Welt, als du vorher warst, und das ganze frühere Verhältnis, das du zur Welt hattest, ist im Grunde genommen umgekehrt, radikal umgekehrt.

Was der Tote sagt, spricht im Wortsinn mir aus der Seele

Wenn ich dem Toten gegenüberstehe, dann redet er in seiner Seele dasjenige, was ich ihn frage, oder was ich ihm mitteilen will; das bekomme ich von ihm her gesagt. Dasjenige, was er mir sagt, das tönt aus meiner eigenen Seele herauf.

An das muss man sich gewöhnen. Man muss sich daran gewöhnen, dass dasjenige, was der andere sagt, aus der eigenen Seele herauftönt, und das, was man selber sagt, einem von der geistigen Außenwelt entgegentönt.

Besondere Nähe beim Einschlafen und Aufwachen

Und der Verkehr des Menschen mit den Toten ist da, und er ist insbesondere rege im Moment des Einschlafens und des Aufwachens. Im Grunde genommen stellt jeder Mensch im Momente des Einschlafens unzählige Fragen und gibt unzählige Mitteilungen an geliebte Tote, und empfängt Kundschaften und Antworten im Momente des Aufwachens von den Toten. Man kann aber in einer gewissen Weise, ich möchte sagen, kultivieren diesen Verkehr mit den Toten. Mancherlei Arten, den Verkehr mit den Toten zu kultivieren, haben wir ja öfter besprochen.

Einssein mit den Verstorbenen: Wahres, inniges Kommunizieren

[…] wenn Sie dem Toten eine Mitteilung machen, dann haben Sie das Gefühl des innigen Verbundenseins. Und antwortet er Ihnen auf diese Mitteilung, dann ist das so, dass Sie zunächst das unbestimmte Bewusstsein haben: der Tote spricht. Sie haben das unbestimmte Bewusstsein: der Tote hat gesprochen, und Sie müssen nun aus der eigenen Seele hervorholen, was er gesprochen hat. Sie erkennen daraus, wie notwendig es zu einem wirklichen Geistverkehr ist, von dem andern zu hören dasjenige, was man selber denkt und vorstellt, aus sich selbst zu hören dasjenige, was der andere spricht. Dies ist eine Art von Umkehrung des ganzen Verhältnisses von Wesen zu Wesen. Aber diese Umkehrung findet statt, wenn wirklich eingetreten wird in die geistige Welt.

Die Sprache der Toten

Und die Sprache, in der man sich mit den Toten verständigen kann, ist eben keine andere als die Sprache der Geisteswissenschaft.

Zu Herzen gehen: Die Dynamik der Wortarten beachten

Wir müssen uns immer mehr gewöhnen an diese Herzenssprache der Toten, wenn ich sie so nennen darf.

Daran gewöhnen wir uns, wenn wir nach und nach alles Substantivische wegwerfen, ins Verbale hineinkommen. Die Tätigkeit, das Werden, das versteht der Tote noch ziemlich lange nach dem Tode. Aber später versteht er eine Sprache, die keine wirkliche Sprache ist. Das, was wir dann vom Toten empfangen, müssen wir erst rückübersetzen in eine irdische Sprache.

WAS BRAUCHT DER TOTE?

Die Lebenden sind wie Werkzeuge für den Geist der Toten

Das materialistische Zeitalter hat die Menschen der Welt der Toten entfremdet; die geistige Wissenschaft muss die Menschen der Welt der Toten wiederum befreunden. Eine Zeit muss wiederum kommen, wo wir es den Toten nicht dadurch unmöglich machen, ihre Arbeit auch hier für die Vergeistigung der physischen Welt zu tun, dass wir uns ihnen entfremden. Denn der Tote kann nicht mit Händen angreifen die Dinge hier in der physischen Welt und physische Arbeit unmittelbar verrichten. Das wäre ein unsinniger Glaube. Der Tote kann auf geistige Weise wirken. Dazu braucht er aber die Werkzeuge, die ihm dazu zur Verfügung stehen; dazu braucht er das Geistige, das hier in der physischen Welt lebt. Wir sind nicht nur Menschen, sondern wir sind auch zu gleicher Zeit Werkzeuge, die Werkzeuge für die Geister, die durch die Pforte des Todes gegangen sind.

«Im Leuchtenden»

Im Leuchtenden,
Da fühle ich
Die Lebenskraft.
Der Tod hat mich
Vom Schlaf erweckt,
Vom Geistesschlaf.

Ich werde sein,
Und aus mir tun,
Was Leuchtekraft
In mir erstrahlt.

Worte eines jungen Gefallenen

Wir können dem Toten spirituell durchdrungene Gedanken senden

Doch ist ein Zusammenhang noch möglich zwischen dem Toten und dem Menschen auf Erden, wenn Letzterer sich mit spirituellem Leben durchdringt. Darauf beruht die Wohltat, die wir den Toten erweisen können. Jemand ist durch die Pforte des Todes gegangen, mit dem uns gemeinsame Interessen verbinden: wir können ihm vorlesen. Wir stellen uns vor, dass er vor uns sei, wir lesen ihm leise vor, auch Gedanken können wir ihm senden. Aber er bekommt nur dann einen Eindruck, wenn wir ihm Ideen und Begriffe mit spirituellem Leben senden. Die Aufgabe der Anthroposophie wird begriffen werden, wenn wir verstehen, dass wir den Abgrund wegschaffen müssen, der uns von den Toten trennt.

Dem Toten vorlesen ist ihm eine Wohltat

Die Lebenden, die noch hier sind auf dem physischen Plan, sind sozusagen, wenn sie in irgendeiner Weise zusammengehangen haben, also beide, sie und der jetzt Verstorbene, hier gewesen sind, die Lebenden sind die Einzigen, die etwas lindern können den Schmerz, die etwas stillen können die Qual derjenigen, die durch die Pforte des Todes gegangen sind. Und fruchtbar hat sich in einer großen Anzahl von Fällen erwiesen, was man nennen kann gerade für diesen Fall: das Vorlesen den Toten. Es hat sich wirklich das bewährt: da ist jemand gestorben; hier im Leben hat er sich aus irgendeinem Grunde, aus dem, der genannt worden ist, oder aus anderen Gründen, nicht mit Geisteswissenschaft befasst. Derjenige, der zurückgeblieben ist, kann aus der Geisteswissenschaft heraus wissen, dass der Verstorbene ein brennendes Interesse für Geisteswissenschaft haben kann. Wenn der Zurückgebliebene nun Gedanken innerlich durchnimmt mit ihm, als wenn der Tote ihm gegenüberstehen würde, mit dem Gedanken, als ob der Tote vor ihm stehen würde, so ist das für den Toten eine große Wohltat.

Bildhafte Erinnerungen helfen dem Toten – Ausbildung seines «Seelenmenschen»

Und hierbei ist es, wo man dem Toten auch wieder von der physischen Erde aus ungeheuer helfen kann, wenn man solche Vorstellungen, die zugleich Vorstellungen der Geisteswissenschaft sind, mit ihm durchnimmt, oder solche, wie wir sie gestern entwickelt haben von der blaurötlichen Erde mit dem goldigen Jerusalem. Das sind Vorstellungen, nach denen der Tote lechzt, denn er lechzt nach richtenden und ordnenden Imaginationen. Damit hilft man ihm. Namentlich hilft man ihm, wenn man mit ihm durchnimmt, was man mit ihm zusammen erlebt hat; denn daran können sich die Bilder anschließen, wenn sie sich entrollen wollen. Wenn man sich im Leben eigentlich nicht beachtete Dinge vorstellt und diese mit dem Toten durchnimmt, dann hat er davon besonders viel. Ich will zum Beispiel sagen, wenn Sie im Gedächtnis bewahren, wie er, während er noch lebte, durch die Tür gegangen ist, wenn er aus seinem Geschäft kam und zu Hause anlangte, wie Sie sich mit ihm begrüßt haben, also worin sich das Seelische in der bildhaften Weise ausdrückt. Es kann ja unendlich viel Liebevolles in diesen Dingen liegen, es kann natürlich auch anders sein. Dann werden Sie sich auch mit dem Toten in Gedanken zusammentreffen. – Ich habe in der verschiedensten Weise gezeigt, wie man diese Bilderwelt, in die der Tote sich entwickeln muss, worin sich sein Bewusstsein ausbreiten muss, mit seinen eigenen Vorstellungen mischen kann. Vorstellungen, die der Tote angestrebt hat, die er nicht voll erreichen konnte und die ihm etwas erklären, sie werden seine Bilderwelt. Da arbeitet man mit an der Formung seines Seelenmenschen.

Von der Sehnsucht der Verstorbenen nach geistigem Zusammenhang

Und man kann auch nicht durch den bloßen Anblick der Außenwelt eine Erkenntnis vom Inhalt der geistigen Welt erlangen. Man kann es dadurch, dass man Einkehr hält in das Innere der Seele. Viele mögen das aber nicht; solche Seelen sind eben jene wie in der Familie, von der ich eine

Andeutung gemacht habe. Der Familienvater lebte in der geistigen Welt, im Lande, wo wir leben zwischen Tod und neuer Geburt. Er lechzte nach einem Zusammenhang mit den Seelen, mit denen er so lange einen Zusammenhang gehabt hatte; aber wie ausgelöscht waren ihm diese Seelen. Warum? Weil diese Seelen keinen geistigen Inhalt sich suchten, weil sie nur da waren, solange sie sich kundgeben konnten durch die physische Leiblichkeit. Er sehnte sich also danach, etwas zu wissen von diesen Seelen, die ihm früher Sonnenschein waren.

Der Tote erlebt Hass unter Hinterbliebenen als Schmerz

Nehmen wir an, wir bringen einem Menschen, der auch in Verbindung war mit dem Toten, aus unseren persönlichen Antipathien heraus einen besonderen Hass entgegen, dann bedeutet dieser Hass einen ungeheuren Schmerz für den Toten, der mit uns in Verbindung stehen kann, und jederzeit muss dieser Hass wie ein Schwert, [...] wie ein Speer, der gegen ihn gezückt wird, erst von dem Toten überwunden werden, wenn der Tote, wie er ja muss, weil er mit uns doch Verbindung hat, uns sich nähern will.

So hängt die Art und Weise, wie der Tote in uns hereinwirken will und wie er selbst erlebt bei diesem Hereinwirken, sehr, sehr ab von der Stimmung unserer Seele.

«Durch des Todes Pforte will ich folgen»

Durch des Todes Pforte will ich folgen
Treulich deiner Seele in des Geistes
Lichterzeugende Zeitenorte
Liebend dir mindern Erdenkälte
Wissend dir ordnen Geisteslicht
Denkend bei dir will weilen ich
Dämpfend dir sengende Weltenwärme.

An Gertrud Noss
beim Tode ihres Sohnes Fritz Mitscher
Februar 1915

Stärkung des Selbstbewusstseins des Verstorbenen

Daher ist es recht bedeutsam, dass der Mensch, indem er durch die Pforte des Todes geht, durch diese verschiedenen Stadien sich beschäftigt mit demjenigen, was in ihm ist, was in seinem Selbst ist, was er war während des irdischen Lebens. Und wenn jemand Gemeinschaft hat mit einem Toten, dann ist von einer großen, einer wesentlichen Bedeutung, diese Gemeinschaft auch dadurch noch besonders fruchtbar zu machen, dass man dem Toten, der hinwegging, zu Hilfe kommt in der Stärkung seines Selbstbewusstseins, in der Erfüllung dieses Selbstbewusstseins. [...]

Das muss ja herausfließen aus seiner Rückschau. Und wir können ihm zu Hilfe kommen, wenn wir so an ihn denken, wie er uns im Leben erschienen ist; wenn wir uns damit beschäftigen, ihm die Gedanken zuschicken, welche ihn selber charakterisieren.

Spirituelle Gedanken sind für die Toten wie Nahrung

Und wenn wir ihnen spirituelle Gedanken mitbringen, so haben sie Nahrung, wenn nicht, so haben sie Hunger, sodass der Satz ausgesprochen werden darf: Wir können dadurch, dass wir hier auf der Erde spirituelle Gedanken pflegen, den Toten Nahrung verschaffen. Wir können sie hungern lassen, wenn wir ihnen keine spirituellen Gedanken bringen. – Wenn die Fluren veröden, so bringen sie keine Früchte für die Nahrung der Menschen und die Menschen können verhungern. Die Toten können nun freilich nicht verhungern, sie können nur leiden, wenn das geistige Leben auf der Erde verödet.

«Seele im Seelenlande»

Seele im Seelenlande,
suche des Christus Gnade
die dir die Hilfe bringet,
die Hilfe aus Geisterlanden,
die auch jenen Geistern Friede
verleiht, die im friedelosen
Erleben verzweifeln wollen.

An eine Mutter für ihren Sohn,
der sich das Leben nahm

Ein seelisches Interesseverhältnis zum Toten entwickeln

Aber die Frage muss in einer bestimmten Weise gestellt sein; nicht bloß gedankenmäßig, vorstellungsgemäß, sondern im Gefühl und im Willen müssen Sie die Fragen richten an den Toten. So müssen Sie sie richten, dass Sie ein herzliches, ein seelisches Interesseverhältnis zum Toten entwickeln. Sie müssen sich erinnern, wo Sie sich besonders zu dem Toten hier in Liebe gewendet haben, und in einer solch lieben Stimmung an den Toten sich wenden. Nicht also abstrakt, sondern mit Anteil, mit Wärme müssen Sie sich an den Toten wenden.

Tote brauchen unsere Dankbarkeit für das Leben
wie wir die Luft zum Atmen

Wenn nichts von diesem Dankbarkeitsgefühl in uns ist, wenn wir nicht imstande sind, der Welt dafür zu danken, dass sie uns leben lässt, dass sie unser Leben fortwährend mit neuen Eindrücken bereichert, wenn wir nicht in der Lage sind, unsere Seele dadurch zu vertiefen, dass wir oft und oft uns gegenwärtig halten können, dass eigentlich das ganze Leben durch und durch eine Gabe ist, so finden die Toten nicht die gemeinsame Luft mit uns. Denn sie können nur durch das Dankbarkeitsgefühl mit uns sprechen, sonst ist eine Wand zwischen uns und ihnen.

Zukunftsaufgaben im Totenreich

Denn in der Tat, das wird Ihnen hervorgehen aus manchen Betrachtungen, die wir gepflogen haben, dass es ja die Aufgabe der Menschenseele ist zwischen dem Tod und einer neuen Geburt, sich ganz andere Erkenntnisse und Kräfte anzueignen, als die Erkenntnisse und Kräfte sind, die man sich hier im physischen Leben aneignet. Wirklich, man kann sagen, meine lieben Freunde, wenn wir so hereintreten in das physische Erdenleben, wenn wir aus der geistigen Welt kommen und einverkörpert werden in den Leib, den uns die Vererbungslinie gibt von unseren Ahnen her, dann gehört es zu unserer Aufgabe, alle die Kräfte und alle die feinen Verzweigungen dieser Kräfte zu haben, die wir brauchen, um diesen unseren Leib durchzuorganisieren.

Eine echte Verbindung zum Toten hört nie auf

Man wird oftmals gefragt, ob diese Hilfe an die Toten nur geleistet werden kann bald nach dem Tode oder auch noch nach Jahren oder Jahrzehnten. Aber das hört nicht auf. Niemand kann so lange auf der Erde leben, dass es unnötig würde, einem vor uns Verstorbenen zu helfen. Wenn einer auch schon dreißig, vierzig Jahre tot ist: immer bleibt die Verbindung, wenn sie karmisch war, vorhanden.

Der Tod als Lehrmeister

Ich baue darauf, dass gerade auch nun auf dem äußeren Felde für die Spiritualisierung der Menschenkultur der Zukunft die durch die Pforte des Todes Gegangenen in unserer schicksalschweren Zeit die wichtigsten Mitarbeiter sind. Denn dieser Tod, auf den jene zurückschauen, die durch die Pforte des Todes gegangen sind, er wird ein großer Lehrmeister sein. Und mancher braucht heute einen stärkeren Lehrer, als das Leben geben kann. Das kann man an mancherlei Beispielen sehen.

STERBERITUALE

Ausbilden einer Gesinnung zum Geistigen hin

Denn in dem Augenblick, wo man als hier Zurückgebliebener wirklich eine Brücke schlagen will zu dem, der durch die Pforte des Todes gegangen ist, und mit dem man karmisch verbunden war, in diesem Augenblick braucht man wenigstens eine Gesinnung, die zum Leben in Gedanken hinneigt. Hat man diese Gesinnung, so sind die Gedanken der Zurückgebliebenen für den Toten wirklich eine ganz besondere Zugabe zum Leben und ändern viel, unendlich viel an dem Dasein derjenigen Menschen, die zwischen Tod und neuer Geburt stehen.

Wie bei einer Feier sprechen?

Ergeben hat sich mir, als ich bei der Bestattung von Freunden vor kurzer Zeit zu sprechen hatte, dass ich mich in die Notwendigkeit versetzt fühlte, dasjenige, was in den Freunden lebt als ihr Wesen, gerade bei der Bestattung auszusprechen. Da ist nicht aus der Erinnerung heraus gesprochen worden, sondern es ist so heraus gesprochen worden aus meiner eigenen Seele, dass diese Seele sich ganz in die andere Seele versetzt hat, nachdem diese schon durch die Pforte des Todes geschritten war.

Totengedenken für Kinder und für ältere Verstorbene

Einem jüngeren Kinde gegenüber werden wir den richtigen Kultus, das richtige Gedächtnis haben, wenn wir darauf Rücksicht nehmen, dass das Kind dageblieben ist, dass das Kind mit uns lebt und sich besonders gerne einlebt in das, was hier uns möglich gewesen wäre, an das Kind heranzubringen, wenn das Kind hier geblieben wäre. Die Erfahrung zeigt, dass solche Kinder nach ihrem Tode besonders begehren, im Gedächtnis, in dem, was man ihnen entgegenbringt, allgemein menschliche Verhältnisse zu finden, auch im Totenkultus etwas zu finden, was mehr allgemeine Interessen darbietet, was wenig zu tun hat mit speziellen Interessen. Für Kinder, die dahingestorben sind, ist zum Beispiel die katholische Totenfeier angemessener, wo ein allgemeiner Ritus ist, wo man einen Ritus hat, der für alle in gleicher Weise gilt. Ein dahingestorbenes Kind möchte eine Totenfeier haben, die mehr allgemeinmenschlich, die nicht für es allein, für es speziell ist, sondern die für alle sein könnte.

Für einen dahingestorbenen älteren Menschen ist die protestantische Totenfeier besser, wo man sich einlässt auf die besonderen Lebensverhältnisse, wo man eine Leichenrede hält, die sich auf seine speziellen individuellen Verhältnisse bezieht. Und will man das Andenken pflegen für einen solchen älteren Dahingestorbenen, dann ist es besonders günstig, sich an Einzelheiten des Lebens, die ihm eigen waren, an sein spezielles, an sein individuelles Leben anzuklammern und dort die Gedanken zu suchen, durch die man das Andenken des älter Dahingestorbenen feiert.

Geistig durchwärmte Gedenkfeiern erleben Tote als eine andere Art von Schönheit

Wir stehen vor den Zusammenhängen des Lebens viel bewundernder noch, wenn wir sie durchdringen können mit dem, was uns die Geisteswissenschaft an die Hand gibt, als wenn wir sie nicht damit durchdringen können. Wenn der Tote in der Seele eines Menschen, der mit ihm in einem Verhältnis hier gestanden hat, eine Erinnerung an sich antrifft, so ist es immer so, wie wenn ihm etwas entgegentreten würde, was ihm das Leben verschönt, was ihm das Leben erhöht. Und setzt sich hier für uns Schönheit aus demjenigen zusammen, was Kunst ist, so setzt sich für die Toten Schönheit zusammen aus demjenigen, was hinaufstrahlt aus den Herzen, den Seelen der an ihre Toten sich erinnernden Menschen.

Und wir brauchen gerade solche Hilfe. Wir brauchen solche Hilfe, die nicht mehr angefochten wird vom physischen Plane aus, solche Hilfe, die auch keine Rücksicht mehr zu nehmen hat in Bezug auf die Hemmnisse des physischen Planes. Und wenn wir den tiefen, ernsthaftesten Glauben an das Fortkommen unserer Sache in der Weltkultur haben, so ist es mit darum, dass wir uns voll bewusst sind, dass diejenigen, die einmal zu uns gehört haben, auch dann, wenn sie mit geistigen Mitteln aus der geistigen Welt unter uns wirken, unsere besten Kräfte sind. Manchmal wird das Vertrauen, das wir in unsere Sache brauchen, sich erhärten müssen daran, dass wir wissen: Wir danken unseren toten Freunden, dass sie mitten unter uns sind und dass wir mit ihren Kräften vereint die Arbeit für die geistige Weltenkultur leisten können, die uns obliegt.

BEDEUTUNG DES LEICHNAMS

Den Leichnam verbrennen oder verwesen lassen

Wenn wir zunächst die äußerlichste, noch von dem physischen Plane her sichtbare Tatsache des Todes ins Auge fassen, so ist es diese, dass der Mensch seinen physischen Leib ablegt. Wir brauchen nicht einzugehen auf die verschiedene Art, in der nun dieser physische Leib, sei es durch Verbrennung, sei es durch Verwesung – beides ist im Grunde genommen nur durch die Zeit verschieden, in der es geschieht –, sich mit dem Erdendasein vereint.

Feuer- oder Erdbestattung

Beim Durchgang durch die Todespforte legt der Mensch seinen physischen Leib, wie man sagt, ab. Er wird übergeben durch Verwesung oder Verbrennung – die beiden Prozesse unterscheiden sich nur durch Zeitlänge – dem Element der Erde.

Alles geht in Wärme über

Dasjenige, was da aus den kleinsten Teilen unseres Leibes wird, gleichgültig wie wir mit der Erde als Leib vereinigt werden, das ist zuletzt Wärme. Es verwandelt sich im Grunde genommen in irgendeiner Weise in kürzerer oder längerer Zeit unser gesamter physischer Organismus zuletzt in Wärme.

Die Bedeutung des Leichnams für die Entwicklung des Kosmos

Denn das, was da der Erde mitgeteilt ist, gleichgültig ob durch das Verbrennen oder durch das Beerdigen, das hat menschliche Form gehabt, menschliche Form auch dadurch gehabt, dass vor der Geburt beziehungsweise vor der Konzeption ein geistig-seelisches Wesen heruntergestiegen ist aus den geistigen Welten, gearbeitet hat bis zum

Tode hin in diesem physischen Leibe. Dann teilen Sie diesen physischen Leib der Erde mit. Da arbeitet das, was Menschenform ist, in der Erde weiter, ganz gleichgültig, ob es verbrannt oder beerdigt worden ist, es arbeitet an der Erde mit. Die Erde bekommt fortwährend dasjenige mitgeteilt, was sie nicht haben würde, wenn ihr nicht Menschenleiber nach dem Tode der Menschen mitgeteilt würden. Das ist etwas für die Erde, dass ihr Menschenleiber nach dem Tode mitgeteilt werden. Die Erde hätte sonst nur Substanzen, die irdisch sind, wenn ihr nicht Menschenleiber mitgeteilt würden. […]

Aber diesen Menschenleib hat bewohnt ein seelisch-geistiges Wesen, das vor der Geburt beziehungsweise vor der Konzeption herabgestiegen ist aus seelisch-geistigen Welten und die Struktur verliehen hat diesem Menschenleibe. Diese Struktur bleibt als ein Wesentliches in jedem Stäubchen, geht in die Erde oder in die Atmosphäre beim Verbrennen, gleichgültig wie, eben über, und die Erde empfängt mit diesem Menschenleib dasjenige, was heruntergestiegen ist aus den geistigen Welten. Das ist nicht ohne Bedeutung.

Der Leichnam und das Elementarische

So müssen wir unterscheiden zwischen dem, was gewissermaßen, wenn der Mensch durch die Pforte des Todes schreitet, kosmisch wird, und dem, was individuell bleibt. Im eminentesten Sinne kosmisch wird das, was vom physischen Leibe zurückbleibt. Das geht entweder langsam, bei der Erdenbestattung, oder schneller, bei der Feuerbestattung, über in die elementarische, mehr physisch-elementarische Erdenwelt; und es ist eine grobe materialistische Vorstellung, wenn man glaubt, dass das einfach darin verschwindet oder die Rolle spielt, wie sie die chemischen Elemente spielen. Das ist Unsinn, und wir werden […] sehen, wie das in dem Planeten weiterlebt, wie das für den Planeten seine große Bedeutung hat. Das lebt im planetarischen Leben weiter.

Der Leichnam als Ferment

In ähnlicher Weise würde die Erde sich nicht entwickeln können, ohne dass die menschlichen Leiber – nicht die Tierleiber – gewissermaßen als Ferment zugesetzt würden.

Die Dimension des abgesonderten Leiblichen für die künftige Erdentwicklung

Und wenn künftige Welten kommen werden, so wird das in ihnen leben von uns, was wir als unser Leibliches absondern. Es ist ein Gedanke von ungeheurer Tragweite, wenn man ihn verfolgt. Denn aus unserem Naturerkennen heraus, das sonst nur halb bleibt, gewinnen wir einen Zusammenhang des Menschen mit der ganzen Umwelt. Das ist außerordentlich wichtig, dass wir das gewinnen.

Altern und Dekadenz der Erde

Auch die Leiber der Pflanzen, der Tiere, der Menschen sind nicht mehr in aufsteigender Entwickelung, sind im Zerfall. Wir haben nicht mehr die Organisation, die man hatte bis zum 4. nachchristlichen Jahrhundert, oder die man hatte in der Zeit des alten Griechentums. Wir haben eine verfallende Organisation, und mit uns ist die Erde in der Dekadenz. Das Physische der Erde ist in der Dekadenz.

LICHT-ERLEBNISSE IM TOD: DAS MYSTERIUM VON GOLGATHA

Die Erhabenheit des geistigen Sieges über das Materielle

[Der Verstorbene] sieht den Tod aber von der andern Seite; er sieht in dem Tod etwas, was man als das Allerschönste auch in der geistigen Welt bezeichnen muss. Denn es gibt in dem, was der Mensch zunächst normalerweise in der geistigen Welt erleben kann, nichts Schöneres als den Anblick des Todes. Diesen Sieg des Geistes über das Materielle, dieses Aufleuchten des geistigen Lichtes der Seele aus der dunklen Finsternis des Materiellen zu schauen, das ist das Größte, das Bedeutsamste, das geschaut werden kann auf der andern Seite des Lebens, die der Mensch zwischen dem Tod und einer neuen Geburt durchmacht.

Ungeheure Lichtüberfülle muss bewältigt werden

Zunächst ist der Mensch verwoben in eine Welt, die voller Weisheit ist. Während er hier die Weisheit angestrengt sucht, ist er da im Lichte der Weisheit ganz drinnen. Und diese Weisheit, in der er drinnen ist, die überwältigt ihn. Und sie würde ihn weiter überwältigen, wenn er nicht einweben könnte das, was er in seinem Ätherleib während des Lebens einverwoben hat an Weisheit, wenn er das nicht in die Welt hineinweben könnte. Dadurch dämpft sich ihm die ungeheure Lichtüberfülle des allgemeinen Weltenäthers ab, und er fängt an, Verständnis zu haben für dasjenige, was im allgemeinen Weltenäther die Welt durchwebt und durchseelt und durchgeistet.

Weisheit überflutet uns nach dem Tod

Dass der Mensch nicht unmittelbar nach dem Tode imstande ist, diesen Moment des Todes gleich zu erschauen, das hängt damit zusammen, dass wir nun nicht zu wenig Bewusstsein haben, wenn der Tod eingetreten ist, sondern im Gegenteil, dass wir zu viel Bewusstsein haben. Erinnern Sie sich nur an dasjenige, was in den Wiener Vorträgen steht: dass wir uns hineinleben nicht in zu wenig Weisheit, sondern in zu viel Weisheit, in eine uns wie überflutende, unendliche, von überall an uns herandringende Weisheit. Unweise zu sein ist uns unmöglich nach dem Tode. Diese Weisheit kommt über uns wie ein uns allseitig überflutendes Licht, und wir müssen im Gegenteil erst dahin gelangen, uns zu beschränken, uns in dem, worinnen wir anfangs nicht orientiert sind, zu orientieren. Also durch dieses Herabstimmen des ganz hochgestimmten Bewusstseins bis zu dem Grade von Bewusstheit, den wir ertragen können nach unserer irdischen Vorbereitung bis zum Tode, durch dieses Herabstimmen kommen wir zu dem, was wir das Erwachen nennen können nach dem Tode.

Unser Bewusstsein geht im Licht auf

Wir haben nach dem Tode, wenn wir in eine Art Schlafzustand sinken, bis zum späteren Erwachen nicht kein oder zu wenig Bewusstsein, sondern wir haben zu viel Bewusstsein. Wir sind zunächst, wenn wir den Ätherleib abgelegt haben, wenn das Lebenstableau abgelegt ist, so erfüllt von Bewusstsein [...], dass das Bewusstsein zunächst blendet, und der Mensch muss sich zuerst orientieren. Und er orientiert sich, indem er auf sein eigenes Erdenleben und auf seinen Charakter in diesem Erdenleben zurückblickt. An der Selbsterkenntnis muss er sich orientieren, da muss die Orientierungskraft angreifen, und von da aus wird dann gewissermaßen dasjenige, was zu viel Bewusstsein ist, so weit herabgedämpft, dass der Mensch, je nachdem, was er durch die letzte Inkarnation durchgemacht hat, es ertragen kann. Es ist also eigentlich ein Herabdämpfen der Überfülle des Bewusstseins, die da war, bis zu dem Grade, den der Mensch ertragen kann. Aber es kann das etappenweise auftreten.

Christusbegegnung an der Schwelle des Todes

Eine Vorstellung können wir ausnehmen, ein Seelenerlebnis, das anders ist als die, die wir beim Übergang vom Mikrokosmos zum Makrokosmos haben. Wenn wir vom Makrokosmos auf den Leib blicken, sagen wir bei allen Erfahrungen: Dieser ist außer uns. – Haben wir aber das Paulus-Erlebnis in uns erweckt, dann haben wir ein Seelenelement ausgebildet, das schon in uns ein äußeres ist. Wenn wir außerhalb des Leibes sind, dann fühlen wir das Christus-Erlebnis als ein inneres. Dies kann man die erste Begegnung mit dem Christus-Impuls im Makrokosmos nennen.

Das Väterliche des Todes – der Tod als «Same des Lebens»

So war durch den unschuldigen Tod auf Golgatha der Beweis geliefert, den die Menschen nach und nach verstehen werden: dass der Tod der immer lebendige Vater ist! Und haben wir erst die richtige Anschauung über den Tod, haben wir erst durch das Ereignis von Golgatha kennengelernt, dass das äußere Sterben nichts bedeutet, dass in dem Leibe des Jesus von Nazareth der Christus gelebt hat, mit dem wir uns vereinigen können, haben wir erst erkannt, dass dieser Christus bewirkt hat, dass, obwohl das Bild des Todes am Kreuz sich darbietet, dies nur ein äußeres Ereignis ist, und dass das Leben des Christus im Ätherleibe vor dem Tode dasselbe ist wie nach diesem Tode, dass dieser Tod also dem Leben nichts anhaben kann – haben wir begriffen, dass wir hier einen Tod vor uns haben, der das Leben nicht auslöscht, der selbst Leben ist, dann haben wir durch das, was am Kreuze hing, ein für alle Mal das Wahrzeichen, dass der Tod in Wahrheit der Leben-Spender ist. Ebenso wie die Pflanze aus dem Samen hervorwächst, ist auch der Tod kein Vernichter, sondern ein Same des Lebens. Er ist hineingesät worden in unsere physisch-sinnliche Welt, damit diese physisch-sinnliche Welt nicht herausfällt aus dem Leben, sondern heraufgenommen werden kann in das Leben. Die Widerlegung des Todes musste am Kreuze geliefert werden durch den widerspruchsvollen Tod, durch den Tod, der ein unschuldiger gewesen ist.

Das Mysterium von Golgatha als Objektives

Wie ist es nun mit denjenigen, die nicht an Christus glauben können? Da möchte ich zur Beruhigung am Schlusse noch sagen: Der Christus ist für alle gestorben, auch für diejenigen, die heute sich nicht mit ihm verbinden können. Das Mysterium von Golgatha ist ein objektives, zu dem Menschenwissen nichts tut. Aber dieses Menschenwissen verstärkt die inneren Kräfte der menschlichen Seele. Und angewendet werden müssen alle Mittel der menschlichen Erkenntnis, des menschlichen Fühlens, des menschlichen Wollens, damit im Laufe der weiteren Erdenentwickelung auch subjektiv, durch das unmittelbare Wissen, in dem Menschen die Gegenwart des Christus in der Erdenentwickelung vorhanden sei.

Rosenkreuzerweisheit

Ex Deo nascimur,
In Christo morimur,
Per Spiritum sanctum reviviscimus.

Aus Gott bin ich geboren,
In Christo sterbe ich,
Durch den heiligen Geist auferstehe ich.

Der Tod eines Gottes

Was Götter niemals früher durchgemacht haben: Geburt und Tod. Christus wurde Seele eines Menschen, des Jesus von Nazareth, machte durch Geburt und Tod, das heißt, zum ersten Male machte ein Gott den Weg durch den Menschentod. Das ist das Wesentliche an dem Mysterium von Golgatha, dass es nicht nur eine Menschenangelegenheit ist, dass es eine Götterangelegenheit ist. Die Götter haben beschlossen: Einer von uns, das Hohe Sonnenwesen selber, soll sein Schicksal mit der Menschheit so weit vereinigen, dass es gehe durch Geburt und Tod.

Golgatha: Die Erhabenheit über den Tod – Zukünftiges Sein für alle Menschen

Der menschliche Leib ist nach und nach so dicht geworden, die Todeskräfte sind in ihm so stark geworden, dass der Mensch zwar nun seinen Intellekt und seine Freiheit ausbilden kann; das kann man aber nur in einem Leben, das deutlich durch den Tod geht, in dem der Tod einen deutlichen Einschnitt bildet, in dem ausgelöscht ist während des Wachbewusstseins der Hinblick auf das Ewig-Seelische. Aber aufnehmen könnt Ihr in Eure Seele eine gewisse Weisheit: das ist die Weisheit, dass sich durch das Mysterium von Golgatha in meiner eigenen Wesenheit – so sagte der göttliche Lehrer, der Christus zu seinen eingeweihten Schülern – etwas vollzogen hat, mit dem Ihr Euch selber erfüllen könnt, wenn Ihr Euch nur aufschwingen könnt zu der Einsicht, dass der Christus aus außerirdischen Sphären heruntergekommen ist zu den Erdenmenschen, wenn Ihr Euch nur aufschwingen könnt zu der Anschauung, dass es auf Erden etwas gibt, was nicht mit den Erdenmitteln angeschaut werden kann, was nur mit höheren Mitteln als den Erdenmitteln angeschaut werden kann; wenn Ihr das Mysterium von Golgatha als Göttereignis, hereingestellt in das Erdenleben, anschauen könnt, wenn Ihr anschauen könnt, dass ein Gott durch das Mysterium von Golgatha durchgegangen ist.

Den Tod in den Knochen haben – tiefste Voraussetzung seiner Überwindung

Bis in die Knochen hinein griff die bewusste Gewalt der Christus-Wesenheit; das gehört zum Sinn der Johannestaufe. Damit war in die Erde etwas verpflanzt, was man nennen kann die Oberherrschaft über den Tod, denn mit den Knochen ist der Tod erst in die Welt gekommen. Dadurch, dass die Gewalt über die Knochen einzog in den menschlichen Leib, damit ist die Überwindung des Todes in die Welt gekommen. Damit wird ein tiefstes Mysterium ausgesprochen, damit war ein Heiligstes, ein im höchsten Maße Heiligstes, in das Knochensystem des Jesus von Nazareth durch den Christus eingezogen. Daher durfte es nicht angetastet werden. Daher musste sich das Schriftwort erfüllen: Ihr dürft ihm kein Bein zerbrechen. – Da hätte in die Gotteskräfte Menschengewalt eingegriffen. Wir sehen hier in ein ganz tiefes Mysterium der Menschheitsentwicklung.

Geheimnis der Geburt und Geheimnis des Todes

So kann Ihnen auffallen, dass das Weihnachtsgeheimnis eigentlich das Geburtsgeheimnis ist. Es stellt dar die Geburt des Christus Jesus. Damit knüpft es an das Geburtsgeheimnis überhaupt an. Das Ostermysterium knüpft in ebensolcher Weise an das Todesgeheimnis an, indem es festlich sich anlehnt an den Tod des Christus Jesus. Geburt und Tod aber begrenzen ja das menschliche Leben, insofern es verläuft im physischen Leib. Und man kann in der Tat sagen, gegenüber dem, was dem Menschen vorliegt als Sichtbares seines Wesens, verschleiern ihm Geburt und Tod das Unsichtbare seines Wesens. Gewissermaßen sind auch Geburt und Tod die beiden Tore zur unsichtbaren Welt.

Dadurch, dass diese beiden Tore zur unsichtbaren Welt zur Grundlage des christlichen Jahres gemacht worden sind, indem in dieses christliche Jahr eben das Weihnachts- und das Osterfest hineingestellt werden, dadurch knüpft in der Tat die christliche Weltanschauung an das Mysterienwesen der ganzen Welt an.

Die Sternensprache von Geburt und Tod

[In alten Zeiten war man sich] klar darüber, dass mit dem, was sich da ausspricht durch die Sternenkonstellationen, zusammenhängt das Mysterium des menschlichen Todes […].

Es hat dieses alte Bewusstsein tatsächlich das in sich aufgenommen, dass der Kosmos ein Organismus ist, und dass man in diesem Organismus drinnen webt und lebt als Mensch.

Dieses Bewusstsein ist natürlich verloren gegangen. Es muss im Laufe des fünften nachatlantischen Zeitraumes von der Menschheit wiederum erworben werden, und zwar im Wesentlichen dadurch, dass die beiden getrennten Strömungen der Sternenweisheit und der Mystik sich wiederum finden. In alten Zeiten konnten sie gewissermaßen getrennt als zwei verschiedene Pole auftreten. In dieser unserer Zeit muss das Weihnachtsmysterium mit dem Ostermysterium verbunden werden können, die beiden müssen als die zwei Seiten eines Wesens gesehen werden können.

TOD UND EWIGKEIT – MEDITATIONEN

Über Unsterblichkeit

Unsterblichkeit
Ungeborenheit
Erst wer beides versteht
Versteht die Ewigkeit

«Lebend offenbart der Geist»

Lebend offenbart der Geist
Stets nur seine Kraft.
Sterbend aber zeigt der Geist,
Wie er durch allen Tod hindurch
Sich stets zu höherm Leben nur bewahrt.

«Schau den Knochenmann»

Schau den Knochenmann
Und du schaust den Tod
Schau ins Innere der Knochen
Und du schaust den Erwecker

«Der kleinste Erdenmensch»

Der kleinste Erdenmensch,
Ein Sohn der Ewigkeit,
Er wird in Zukunft stets
Sich blühend finden
Als Zeuge der Vergangenheit.

Der kleinste Erdenmensch,
Ein Sohn der Ewigkeit,
Besiegt in immer neuen Leben
Den alten Tod!

«Alles, was da lebt im Weltenall»

Alles, was da lebt im Weltenall, es lebt nur, indem zu neuem Leben den Keim in sich es schafft. Und die Seele, sie ergibt sich nur dem Altern und dem Tode, um unsterblich zu stets neuem Leben heranzureifen!

«Als der Mensch erfand wie die Welt» – Die Welt im Atome

Als der Mensch erfand, wie die Welt
In Atome endlos zerstiebt,
Verband sich sein Erkennen
Mit dem Tode zur Natur;
Er soll nun streben in dem Geiste
Zu finden, was Zerstiebtes überwindet,
Und er wird sein Erkennen
Richten nach dem Werden der Welt.

Für Edith Maryon zum 26. Dezember 1922

Raumes- und Zeitentod

Verfließen im Daseinsmeer mit dem Raumestod.
Ersterben im Weltenwesen mit dem Zeitentod
Sich-Erleben im Raumes- und im Zeitentod –

Mai 1923
Notizbuch

KRÄFTEBILDUNG NACH DEM TOD

Extrakte aus allen vier Leibesgliedern bleiben als Substanz erhalten

Dann tritt der Ätherleib heraus aus dem Astralleibe, in welchem das Ich lebt. Bisher waren alle drei verbunden, nachdem der physische Leichnam verlassen worden war; nun tritt auch der Ätherkörper aus und wird zum ätherischen Leichnam. Jedoch wird bei keinem heutigen Menschen der Ätherleib vollständig abgelegt, sondern der Mensch nimmt von seinem Ätherleibe einen Extrakt oder Auszug für die ganze folgende Zeit mit. Also der Ätherleichnam wird abgelegt, aber die Frucht des letzten Lebens wird von Astralleib und Ich mitgenommen. Wenn man ganz genau sprechen will, so muss man sagen, dass auch vom physischen Leibe etwas mitgenommen wird: eine Art geistigen Auszug dieses Leibes – die Tinktur der mittelalterlichen Mystiker. Aber dieser Auszug des Physischen ist in allen Leben gleich, er repräsentiert nur das Faktum, dass das Ich verkörpert war. Die Essenz des Ätherleibes dagegen ist in allen Leben verschieden, je nach den darin gesammelten Erfahrungen, je nachdem man viel oder wenig vorwärtsgekommen ist.

Extrakte werden in den künftigen Erdenleib hineingearbeitet

Ein solches hat er sich schon oft gebildet, jedes Mal, wenn der Mensch nach seinem Tode im Devachan verweilte, aber jedes Mal wird als Neues das hineingearbeitet, was der Mensch als Frucht seines letzten Lebens, als Extrakt in seinem Ätherleib mit ins Devachan genommen hat.

Wir übergeben die Früchte unseres Lebens dem Kosmos

Da wird allmählich das, was wir im Laufe des Lebens für unseren Ätherleib erworben haben, was wir diesem Ätherleib angeeignet haben, Mitglied der geistigen Welt; das webt sich ein den Kräften der geistigen Welt, und wir müssen nur durchaus uns klar darüber sein, dass jeder Gedanke, jede Vorstellung, jedes Gefühl, das wir entwickeln, wenn sie auch noch so verborgen bleiben, ihre Bedeutungen haben für die geistige Welt, dass sie mit unserem Ätherleib, wenn der Zusammenhalt zerrissen ist mit dem Durchgang durch die Pforte des Todes, in die spirituelle Welt hineingehen und Glieder dieser spirituellen Welt werden. Wir leben nicht umsonst. Die Früchte unseres Lebens, wie wir sie aufnehmen in das, was wir an Gedanken erarbeiten, was wir an Gefühlen erleben, das wird dem Kosmos einverleibt. Das ist etwas, was wir aufnehmen müssen in unser Fühlen, in unser Empfinden, wenn wir uns in rechtem Sinne in der geisteswissenschaftlichen Bewegung verhalten wollen. Denn nicht dadurch, dass man von gewissen Dingen bloß weiß, ist man Geisteswissenschafter, sondern dadurch, dass man sich durch die Erkenntnis drinnen fühlt in der geistigen Welt, dass man sich als ein Glied in einer ganz bestimmten Art in dieser geistigen Welt fühlt, dass man gewissermaßen weiß: Was du jetzt für einen Gedanken hegst, das hat eine Bedeutung für das ganze Universum, denn das wird bei deinem Tode in der entsprechenden Form diesem Universum übergeben.

Was von uns brauchbar ist: Nahrung für den Kosmos

Da ist es nun, wo wir alles dasjenige, was jetzt nicht zu unseren moralischen Werten gehört, sondern zu demjenigen, was die Götter uns auf Erden haben erfahren lassen und was brauchbar ist für das Weltenall, wo wir das dem Weltenall wie eine Nahrung übergeben, sodass der Weltenlauf weitergehen kann. Ja, es ist wirklich so, wenn wir den Weltenlauf – Sie wissen, ich gebrauche das nur als einen Vergleich, ich definiere den Weltenlauf wirklich nicht als Maschine – vergleichsweise wie eine Maschine ansehen würden, so wäre dasjenige, was wir da mitbringen, nachdem wir unser Päckchen im Mondenbereiche abgelegt haben, das würde im Sonnenbereiche wie ein Heizmaterial sein, das wir dem Laufe des Kosmos reichen, wie das Heizmaterial einer Maschine gereicht wird.

Und so treten wir ein in den Bereich der geistigen Welt. Denn es ist einerlei, ob wir sagen: Wir treten ein in den Sonnenbereich, geistig, oder ob wir sagen: Wir treten ein in die geistige Welt.

Saatfelder für die Toten

Und die toten Seelen kommen herbei und nehmen Anteil an diesen Ideen. In dem Anblick dieser Ideen fühlen sie sich genährt. Oh, es hat etwas Erschütterndes, wenn man den hellsichtigen Blick richtet auf hingestorbene Menschen, die allnächtlich zu den schlafenden Zurückgebliebenen kommen – wir müssen da sowohl die Freunde als auch besonders die Blutsverwandten in Betracht ziehen – und wollen sich gleichsam laben, nähren an den Gedanken und Ideen, die diese mit in den Schlaf genommen haben – und finden nichts, was für sie nahrhaft ist. Denn es ist ein großer Unterschied zwischen Ideen und Ideen in Bezug auf unsern Schlafzustand. Wenn wir den ganzen Tag über uns nur beschäftigen mit den materiellen Ideen des Lebens, wenn wir die Blicke nur richten auf dasjenige, was in der physischen Welt vor sich geht und dort verrichtet werden kann, und wenn wir nicht einmal vor dem Einschlafen einen Gedanken haben an die geistigen Welten, sondern im Gegenteil in vieler Beziehung anders als durch Gedanken uns in die geistigen Welten hinüberbringen, so bieten wir keine Nahrung für die Toten. [...] Und wenn dann die toten Seelen herankommen, dann finden sie ein leeres Feld, dann geht es diesen toten Seelen so, wie es uns geht für unsern physischen Leib, wenn durch Unfruchtbarkeit auf unsern Feldern Hungersnot ausbricht. Namentlich in unserer Zeit kann viel Seelenhungersnot beobachtet werden in den geistigen Welten, denn das materialistische Fühlen und Empfinden hat viel Verbreitung schon gefunden.

DER TOD UND DAS BÖSE

Der rätselvolle Zusammenhang von Bösartigkeit, Schicksal und Tod

So steht der Seher, wenn er diese Schicksale, die ja wahrhaft zahlreich sind, hellseherisch beobachtet, vor einer erschütternden Tatsache: Er hat ein Feld von Krankheit und Tod vor sich, das ganz beherrscht ist von gewissen bösen Geistern, die Krankheit und Tod auf die Erde hereintragen. Und wenn man versucht, den Lebenslauf dieser Seelen, die gewissenlose Menschen auf Erden waren, zu verfolgen, so findet man, dass sie nun die Diener dieser bösen Geister von Krankheit, Tod und Ungemach werden mussten, um solche frühzeitigen Tode und schweren Schicksale herbeizuführen. Das ist der Zusammenhang! Das Leben wird erst verständlich, wenn man es in seiner Gesamtheit betrachtet, nicht nur einen kurzen Zeitabschnitt herausschneidet, der zwischen Geburt und Tod verläuft.

Das Mysterium des Bösen in der Gegenwart

Selbst innerhalb der Grenzen, die gegenwärtig noch geboten sind, wenn man über solche Dinge spricht, kann man dasjenige, was von dem Mysterium des Bösen handelt in der fünften nachatlantischen Kulturperiode, der Periode der Bewusstseinsseele, in der wir leben, eigentlich nicht ohne tiefe Bewegung besprechen. Denn es wird damit etwas berührt, was zu den tiefsten Geheimnissen dieser fünften nachatlantischen Periode gehört, was, wenn es besprochen wird, heute noch auf sehr wenig entwickelte menschliche Fähigkeiten des Verständnisses gerade für solche Dinge stößt. Die Empfindungsmöglichkeiten, welche die heutige Menschheit für solche Dinge hat, sind noch wenig entwickelt. Dennoch muss man sagen, dass gewisse Hindeutungen auf das Mysterium des Bösen und das andere, das damit zusammenhängt, das Mysterium des Todes, in allen sogenannten Geheimgesellschaften der neueren Zeit immer wieder und wiederum bildhaft versucht worden sind.

TOD IM TIERREICH

Die Tierseele als Gattungsseele ist unsterblich

Die Tierseele als Gattungsseele ist unsterblich; als Gattungsseele. Sie verkörpert sich im einzelnen Individuum des Tieres, das durch seine Organe sterblich ist. Die Gattungsseele geht aus dem sterblichen Tiere so hervor, wie sie sich in ihm verkörpert hatte. Aber die tierische Organisation ist von vorneherein als Individualorganisation auf das Sterben eingerichtet. Die menschliche Organisation nicht in gleichem Maße. Die menschliche Organisation ist so, dass dasjenige, was dieser Organisation als Gattungsseele zugrunde liegt, als Menschen-Gruppenseele, im einzelnen Menschen zum Ausdruck kommen würde und ihn unsterblich machte als äußere Menschheitsorganisation. Sterblich konnte der Mensch nur werden von der Seele aus durch eine moralische Tat. In einer gewissen Weise muss die Seele beschaffen sein, damit der Mensch sterblich sein könne.

Das Tier blickt dem Tod interesselos entgegen

Wenn wir von der Geburt absehen, obzwar es auch da ja ersichtlich ist, brauchen wir nur daran zu denken, mit welcher Sorglosigkeit, mit welchem Uninteresse, mit welcher Interesselosigkeit das Tier dem Tode entgegenlebt. Das Tier lässt eben den Tod über sich ergehen, nimmt diese Verwandlung seines Daseins, das heißt den Übergang vom individuellen Dasein zum Gruppenseelen-Dasein einfach hin, ohne einen so tiefen Einschnitt in das Leben dadurch zu gewahren, wie das beim menschlichen Wesen der Fall ist.

Geburt und Tod im Tierreich im Unterschied zum Menschen

Ich habe darauf aufmerksam gemacht, was in der tierischen Welt Anfang und Ende des Lebens bildet, was gewissermaßen zwei Augenblicke nur umfasst: das Hereintreten ins physische Leben und das Herausgehen aus demselben, Empfängnis und Tod; sie stehen so zum tierischen Leben, dass man sagen könnte: Das tierische Leben stellt sich als eine Leiter dar, am Anfang die Empfängnis, am Ende der Tod. Ich habe darauf aufmerksam gemacht, dass diese beiden Erlebnisse durch das ganze Seelenleben des Menschen wirklich durchgehen, dass das Seelenleben des Menschen in jedem Augenblicke in ein Ganzes das zusammenfasst, was im Tierischen erlebt wird, wenn die niemals eigentlich ganz auf den physischen Plan kommende Gattungsseele durch die Empfängnis ein Wechselverhältnis herstellt zu dem physischen Wesen. Und etwas wie ein Anflug eines Ich-Bewusstseins tritt in dem einzigen Augenblick des Sterbens beim Tier auf. Ich habe gestern darauf aufmerksam gemacht, dass der, welcher tierisches Sterben zu beobachten in der Lage ist, schon eine Vorstellung davon bekommen kann, wie im Grunde genommen das, was beim Menschen durch das ganze Leben läuft, das Ich-Bewusstsein, für das Tier nur in diesem Moment des Herausgehens aus dem Leben vorhanden ist.

Tiere erleiden kein individuelles Schicksal

Dieser menschliche Organismus unterscheidet sich nämlich ganz wesentlich von dem Organismus des Tieres. Nun, wir haben viele Unterschiede schon angeführt, wir wollen heute denjenigen gerade anführen, der uns für das Mysterium von Golgatha interessieren muss. Der menschliche Organismus unterscheidet sich ganz wesentlich von dem tierischen Organismus, denn der tierische Organismus, wenn man ihn wirklich studiert mit den Mitteln der Geisteswissenschaft, trägt in sich den selbstverständlichen, den natürlichen Impuls des Todes. Das heißt mit anderen Worten: Lernen Sie wirklich mit den Mitteln der Geisteswissenschaft den tierischen Organismus kennen, so können Sie sich aus der Beschaffenheit des tierischen Organismus erklären, dass der tierische Organismus durch den Tod so gehen muss, wie er eben geht, dass das Tier eines Tages zerfällt und den Elementen der Erde übergeben wird. Der Tod des Tieres ist nichts Unbegreifliches, sondern er ist aus dem Studium des tierischen Organismus ebenso begreiflich, wie aus dem Studium desselben begreiflich ist, dass das Tier fressen und trinken muss. Das Wesen des tierischen Organismus ergibt die Notwendigkeit des tierischen Todes.

Das ist nicht der Fall für das Wesen des menschlichen Organismus. Da kommen wir natürlich auf das Gebiet, das der modernen Wissenschaft völlig unverständlich bleiben muss. Wenn Sie mit allen Mitteln der Geisteswissenschaft den menschlichen Organismus studieren, so gibt es im menschlichen Organismus drinnen selber nichts, was die Notwendigkeit des Todes erklärt, unbedingt erklärt. Es gibt nichts, was die Notwendigkeit des Todes erklärt. Man muss beim Menschen den Tod als etwas, was man einfach erfährt, hinnehmen, und kann sich gar nicht erklären, warum eigentlich der Mensch stirbt. Denn der Mensch ist ursprünglich nicht für den Tod geboren, auch nicht als äußerer Organismus für den Tod geboren. Dass der Tod von innen heraus beim Menschen auftreten kann, das ist nicht aus der menschlichen Wesenheit selber zu erklären. So wie diese menschliche Wesenheit als menschliche Wesenheit ist, so ist es nicht zu erklären.

QUELLENNACHWEISE

Erwähnte und zitierte Bände der Rudolf Steiner Gesamtausgabe (GA), Rudolf Steiner Verlag, Basel (in Klammern aktuelle Auflage):

Band

13 *Die Geheimwissenschaft im Umriss* (2013)

25 *Drei Schritte der Anthroposophie. Philosophie – Kosmologie – Religion* (1999)

26 *Anthroposophische Leitsätze* (2013)

40 *Wahrspruchworte* (2019)

62 *Ergebnisse der Geistesforschung* (1988)

93a *Grundelemente der Esoterik* (2014)

94 *Kosmogonie* (2001)

95 *Vor dem Tore der Theosophie* (1990)

106 *Ägyptische Mythen und Mysterien* (1992)

109 *Das Prinzip der spirituellen Ökonomie im Zusammenhang mit Wiederverkörperungsfragen* (2000)

112 *Das Johannes-Evangelium im Verhältnis zu den drei anderen Evangelien, besonders zu dem Lukas-Evangelium* (2007)

132 *Die Evolution vom Gesichtspunkte des Wahrhaftigen* (1999)

133 *Der irdische und der kosmische Mensch* (1989)

140 *Okkulte Untersuchungen über das Leben zwischen Tod und neuer Geburt* (2019)

141 *Das Leben zwischen dem Tode und der neuen Geburt im Verhältnis zu den kosmischen Tatsachen* (2018)

143 *Erfahrungen des Übersinnlichen. Die drei Wege der Seele zu Christus* (1994)

144 *Die Mysterien des Morgenlandes und des Christentums* (2015)

150 *Die Welt des Geistes und ihr Hereinragen in das physische Dasein* (1980

153 *Inneres Wesen des Menschen und Leben zwischen Tod und neuer Geburt* (1997)

157a *Schicksalsbildung und Leben nach dem Tode* (2016)
158 *Der Zusammenhang des Menschen mit der elementarischen Welt* (1993)
159 *Das Geheimnis des Todes* (2005)
161 *Wege der geistigen Erkenntnis und der Erneuerung künstlerischer Weltanschauung* (1999)
168 *Die Verbindung zwischen Lebenden und Toten* (1995)
174a *Mitteleuropa zwischen Ost und West* (1982)
175 *Bausteine zu einer Erkenntnis des Mysteriums von Golgatha* (1996)
178 *Individuelle Geistwesen und ihr Wirken in der Seele des Menschen* (2015)
179 *Geschichtliche Notwendigkeit und Freiheit. Schicksalseinwirkungen aus der Welt der Toten* (1993)
180 *Mysterienwahrheiten und Weihnachtsimpulse. Alte Mythen und ihre Bedeutung* (2017)
181 *Erdensterben und Weltenleben. Anthroposophische Lebensgaben. Bewusstseins-Notwendigkeiten für Gegenwart und Zukunft* (1991)
182 *Der Tod als Lebenswandlung* (1996)
185 *Geschichtliche Symptomatologie* (1982)
191 *Soziales Verständnis aus geisteswissenschaftlicher Erkenntnis* (1989)
203 *Die Verantwortung des Menschen für die Weltentwickelung* (1989)
205 *Menschenwerden, Weltenseele und Weltengeist. Erster Teil: Der Mensch als leiblich-seelische Wesenheit in seinem Verhältnis zur Welt* (2016)
211 *Das Sonnenmysterium und das Mysterium von Tod und Auferstehung* (2006)
214 *Das Geheimnis der Trinität* (1999)
226 *Menschenwesen, Menschenschicksal und Welt-Entwickelung* (2017)
233a *Mysterienstätten des Mittelalters* (2013)
237 *Esoterische Betrachtungen karmischer Zusammenhänge. Dritter Band* (1991)
261 *Unsere Toten. Ansprachen, Gedenkworte und Meditationssprüche 1906–1924* (1984)

268 *Mantrische Sprüche. Seelenübungen Band II, 1903–1925* (2015)
271 *Kunst und Kunsterkenntnis. Grundlagen einer neuen Ästhetik* (1985)
284 *Bilder okkulter Siegel und Säulen. Der Münchner Kongress Pfingsten 1907 und seine Auswirkungen* (1993)
296 *Die Erziehungsfrage als soziale Frage* (1991)
313 *Geisteswissenschaftliche Gesichtspunkte zur Therapie* (2001)

Seite

DAS WESEN DES TODES

7 *Hätte der Mensch immer gewusst:* Vortrag Kassel, 6. Juli 1909, GA 112, S. 253.
Die Menschen müssen sich entschließen: Vortrag Dornach, 25. Oktober 1918, GA 185, S. 98f.
Daher ist es so unendlich wichtig: Vortrag Dornach, 25. Oktober 1918, GA 185, S. 102.
8 *Die Toten sind ja fortwährend da:* Vortrag Berlin, 5. Februar 1918, GA 181, S. 53.
Das also: Vortrag Berlin, 5. Dezember 1911, GA 132; S. 90f.
9 *In den alten Zeiten:* Vortrag Zürich, 13. November 1917, GA 178, S. 107f.
Denn es hat zu allen Zeiten: Vortrag Wien, 8. April 1914, GA 153, S. 44.
10 *Die Ergebnisse der:* Anthroposophische Leitsätze, GA 26, S. 40.
Der Mensch betritt: Ebd., S. 25.

DIE SCHWELLE DES TODES

13 *Mit dem Tode:* Drei Schritte der Anthroposophie, GA 25, S. 73.
Würden wir beim Durchgang: Vortrag Hamburg, 16. Februar 1916, GA 168, S.13f.

13 *Es gibt so viele Menschen:* Vortrag Kristiania (Oslo), 17. Mai 1923, GA 226, S. 30.

14 *Von der anderen Seite:* Vortrag Dornach, 2. Februar 1915,GA 161, S. 81.

Ebenso wie wir uns: Vortrag Kassel, 18. Februar 1916, GA 168, S. 42.

In der Natur ist etwas: Vortrag München, 15. Februar 1918, GA 271, S. 87.

15 *Was sich im physischen Tode:* Drei Schritte der Anthroposophie, GA 25, S. 73.

Wir tragen schon: Vortrag Dornach, 17. August 1919, GA 296, S. 101.

TOD ALS ICH-ERLEBNIS

17 *Im Leben zwischen Tod:* Vortrag Berlin, 18. November 1915, GA 157a, S. 43.

Sie nützen sich ab: Vortrag Hannover, 18. November 1912, GA 140, S. 42f.

18 *Würden wir beim Durchgang:* Vortrag Hamburg, 16. Februar 1916, GA 168, S. 13f.

Die entscheidende Entwicklungsepoche: Drei Schritte der Anthroposophie, GA 25, S. 56f.

DIE MISSION DES TODES

21 *Man kann ja einen einzigen Satz:* Vortrag Stockholm, 17. April 1912, GA 143, S. 138f.

Der Tod ist etwas: Vortrag Berlin, 16. November 1915, GA 157a, S. 21.

22 *Jeder muss sich:* Vortrag Berlin, 16. November 1915, GA 157a, S. 30.

Wir sind ausgegangen davon: Vortrag Berlin, 5. Dezember 1911, GA 132, S. 86f.

23 *Damit haben wir:* Vortrag Berlin, 5. Dezember 1911, GA 132, S. 94.

TOD DER ERDE

25 *Sie [die Naturwissenschaft] muss:* Vortrag Bern, 28. Juni 1921, GA 205, S. 47.

Man kann das Wesen: Die Geheimwissenschaft im Umriss, GA 13, S. 80ff.

26 *Als das Denken noch:* Vortrag Prag, 29. April 1923, GA 133, S. 133f.

Und weitaus die meisten: Vortrag Nürnberg, 10. Februar 1910, GA 185, S. 51.

27 *Derjenige, der durch die Pforte:* Vortrag Zürich, 24. Oktober 1916, GA 168, S. 125.

So hängt die Art und Weise: Vortrag Zürich, 5. Dezember 1916, GA 168, S. 207.

Es gibt sieben Lebensgeheimnisse: Vortrag Paris, 13. Juni 1906, GA 94, S. 111.

FRÜHER TOD UND SPÄTER TOD

29 *Was bedeutet es:* Vortrag Stockholm, 8. Juli 1913, GA 150, S. 73f.

Wenn junge Kinder dahinsterben: Vortrag Nürnberg, 10. Februar 1918, GA 182, S. 52.

30 *Helfer können aber auch:* Vortrag Erfurt, 13. April 1913, GA 150, S. 54.

Es gibt Menschen: Vortrag Berlin, 18. November 1915, GA 157a, S.50.

31 *Nun, da muss ich allerdings:* Vortrag Dornach, 12. April 1921, GA 313, S. 42.

32 *Der Leib aber des:* Vortrag Berlin, 11. Februar 1913, GA 141, S. 140.

SCHICKSALSWIRKUNGEN IN TODESUMSTÄNDEN

33 *Sehen Sie, alles:* Erster Vortrag Stuttgart, 17. Februar 1913, GA 140, S. 191.

Nehmen wir zum Beispiel: Vortrag St. Gallen, 15. November 1917, GA 178, S. 32f.

34 *Von diesem Tode wollen:* Vortrag Berlin, 4. Februar 1913, GA 144, S. 191.

34 *Wir gehen hin:* Vortrag Augsburg, 14. März 1913, GA 150, S. 26.

35 *Es ist nämlich für den:* Vortrag Zürich, 24. Oktober 1916, GA 168, S. 130.

36 *Das ist das ungeheuer:* Vortrag München, 17. Februar 1918, GA 174a, S. 233.

Aber bei einer so gewaltsamen: Vortrag Stuttgart, 24. August 1906, GA 95, S. 34.

37 *Wenn der Mensch Selbstmord begeht:* Vortrag Berlin, 7. Oktober 1905, GA 93a, S. 95f.

Seele im Seelenlande: GA 268, S. 228.

Dein Wille war schwach: GA 268, S. 227.

38 *Das geistige Korrelat:* Vortrag Hamburg, 16. Februar 1916, GA 168, S. 37.

Wer sind denn diejenigen: Vortrag Berlin, 20. November 1915, GA 157a, S. 71.

39 *Daher wird eine Zeit kommen:* Vortrag Leipzig, 22. Februar 1916, GA 168, S. 89f.

LEBEN MIT DEN TOTEN

41 *Zu wissen, dass der Mensch:* Vortrag Dornach, 10. Dezember 1917, GA 179, S. 56.

Deshalb ist es notwendig: Vortrag Berlin, 5. März 1918, GA 181, S. 80.

Sehen Sie, was ich: Vortrag Nürnberg, 10. Februar 1918, GA 182, S. 46.

42 *Eine Frage, die im Zusammenhang:* Erster Vortrag Bergen, 10. Oktober 1913, GA 140, S. 337.

Die Toten sind ja: Vortrag Berlin, 5. Februar 1918, GA 181, S. 53.

43 *Nicht schwer wird es Ihnen sein:* Vortrag München, 14. Februar 1918, GA 174a, S. 203.

Kurz, wir werden gut tun: Vortrag Zürich, 3. Dezember 1916, GA 168, S. 210.

44 *Aber in dieser Weise wirken auch:* Vortrag Zürich, 3. Dezember 1916, GA 168, S. 212f.

44 *Es empfangen Angeloi:* GA 237, S. 38.

Meine Liebe sei den Hüllen: GA 261, S. 341.

Wenn man den äußeren: Vortrag Wien, 13. April 1914, GA 153, S. 145.

45 *Wenn ich dem Toten gegenüberstehe:* Vortrag München, 14. Februar 1918, GA 174a, S. 209.

Und der Verkehr des Menschen: Vortrag München, 14. Februar 1918, GA 174a, S. 213.

[…] wenn Sie dem Toten: Vortrag Dornach, 10. Dezember 1917, GA 179, S. 58.

46 *Und die Sprache:* Vortrag Berlin, 13. Februar 1917, GA 175, S. 39.

Wir müssen uns immer mehr: Vortrag Oxford, 22. August 1922, GA 214, S. 151.

WAS BRAUCHT DER TOTE?

47 *Das materialistische Zeitalter:* Vortrag Berlin, 6. März 1917, GA 175, S. 111f.

Im Leuchtenden: GA 268, S. 229.

48 *Doch ist ein Zusammenhang:* Vortrag Paris, 5. Mai 1913, GA 150, S. 65.

Die Lebenden, die noch hier sind: Vortrag Bern, 15. Dezember 1912, GA 140, S. 133.

49 *Und hierbei ist es:* Vortrag Berlin, 2. April 1918, GA 181, S. 189f.

Und man kann auch nicht: Vortrag Linz, 26. Januar 1913, GA 140, S. 162.

50 *Nehmen wir an:* Vortrag Zürich, 3. Dezember 1916, GA 168, S. 207.

Durch des Todes Pforte will ich folgen: GA 268, S. 209.

51 *Daher ist es recht bedeutsam:* Vortrag Köln, 19. Juni 1915, GA 159, S. 385.

Und wenn wir ihnen: Vortrag Weimar, 13. April 1913, vormittags, GA 150, S. 44.

52 *Seele im Seelenlande:* GA 268, S. 228.

Aber die Frage muss: Vortrag Nürnberg, 10. Februar 1918, GA 182, S. 50.

52 *Wenn nichts von diesem:* Vortrag Berlin, 19. März 1918, GA 181, S. 118.

53 *Denn in der Tat:* Vortrag Berlin, 16. November 1915, GA 157a, S. 16.

Man wird oftmals gefragt: Vortrag Berlin, 2. April 1918, GA 181, S. 191.

Ich baue darauf: Vortrag Wien, 9. Mai 1915, GA 159, S. 215.

STERBERITUALE

55 *Denn in dem Augenblick:* Vortrag Berlin, 16. April 1918, GA 181, S. 232.

Ergeben hat sich mir: Vortrag Köln, 19. Juni 1915, GA 159, S. 385.

Einem jüngeren Kinde: Vortrag München, 14. Februar 1918, GA 174a, S. 218f.

56 *Wir stehen vor den Zusammenhängen:* Vortrag Berlin, 7. Dezember 1915, GA 157a, S. 83.

57 *Und wir brauchen:* Vortrag Berlin, 18. November 1915, GA 157a, S. 36.

BEDEUTUNG DES LEICHNAMS

59 *Wenn wir zunächst:* Vortrag Hamburg, 16. Februar 1916, GA 168, S. 11.

Beim Durchgang durch: Vortrag Leipzig, 22. Februar 1916, GA 168, S. 70.

Dasjenige, was da: Vortrag Hamburg, 16. Februar 1916, GA 168, S. 12.

Denn das, was da der Erde: Vortrag Dornach, 5. Oktober 1919, GA 191, S. 61.

60 *So müssen wir unterscheiden:* Vortrag Dornach, 6. Februar 1915, GA 161, S. 118.

61 *In ähnlicher Weise:* Vortrag Berlin, 14. September 1919, GA 193, S. 158.

Und wenn künftige Welten: Vortrag Dornach, 21. Januar 1921, GA 203, S. 85.

61 *Auch die Leiber der Pflanzen:* Vortrag Dornach, 12. Oktober 1919, GA 191, S. 115f.

LICHT-ERLEBNISSE NACH DEM TOD: DAS MYSTERIUM VON GOLGATHA

63 *[Der Verstorbene] sieht den Tod:* Vortrag Düsseldorf, 17. Juni 1915, GA 159, S. 349.

Zunächst ist der Mensch: Vortrag Kassel, 18. Februar 1916, GA 168, S.45.

Dass der Mensch nicht unmittelbar: Vortrag Dornach, 7. Februar 1915, GA 161, S. 128f.

64 *Wir haben nach dem Tode:* Vortrag Nürnberg, 13. März 1915, GA 159, S. 126f.

65 *Eine Vorstellung können wir:* Vortrag Paris, 5. Mai 1913, GA 150, S.62.

So war durch den unschuldigen Tod: Vortrag Kassel, 6. Juli 1909, GA 112, S. 252.

66 *Wie ist es nun mit denjenigen:* Vortrag Den Haag, 13. April 1922, GA 211, S. 143.

Ex Deo nascimur: Ansprache Malsch, 5./6. April 1909, GA 284, S. 113.

Was Götter niemals: Vortrag Kristiania (Oslo), 17. Mai 1923, GA 226, S. 126.

67 *Der menschliche Leib ist:* Vortrag Den Haag, 13. April 1922, GA 211, S. 134f.

Bis in die Knochen hinein: Vortrag Leipzig, 12. September 1908, GA 106, S. 135.

68 *So kann Ihnen auffallen:* Vortrag Dornach, 29. Dezember 1917, GA 180, S. 74.

[In alten Zeiten war man sich] klar darüber: GA 180, S. 76f.

TOD UND EWIGKEIT – MEDITATIONEN

71 *Unsterblichkeit:* Wahrspruchworte, GA 40, S. 270.

Lebend offenbart der Geist: Wahrspruchworte, GA 40, S. 213.

71 *Schau den Knochenmann:* Vortrag Dornach, 12. Januar 1924, GA 233a, S. 73.

Der kleinste Erdenmensch: Wahrspruchworte, GA 40, S. 211.

72 *Alles, was da lebt im Weltenall:* Vortrag Berlin, 5. Dezember 1912, GA 62, S. 184.

Als der Mensch erfand: Wahrspruchworte, GA 40, S. 300.

Verfließen im Daseinsmeer: Mantrische Sprüche. Seelenübungen II, GA 268, S. 84.

KRÄFTEBILDUNG NACH DEM TOD

73 *Dann tritt der Ätherleib heraus:* Vortrag Heidelberg, 21. Januar 1909, GA 109, S. 10.

Ein solches hat er sich: Vortrag Budapest, 6. Juni 1909, GA 109, S. 195.

Da wird allmählich das: Vortrag Bern, 9. November 1916, GA 168, S. 182.

74 *Da ist es nun:* Vortrag Kristiania (Oslo), 17. Mai 1923, GA 226, S. 32.

75 *Und die toten Seelen:* Vortrag Bergen, 10. Oktober 1913, GA 140, S. 330.

DER TOD UND DAS BÖSE

77 *So steht der Seher:* Vortrag Linz, 26. Januar 1913, GA 140, S. 170.

Selbst innerhalb der Grenzen: Vortrag Dornach, 26. Oktober 1918, GA 185, S. 105.

TOD IM TIERREICH

79 *Die Tierseele als Gattungsseele:* Vortrag Berlin, 3. April 1917, GA 175, S. 196f.

Wenn wir von der Geburt absehen: Vortrag Den Haag, 13. April 1922, GA 211, S. 128.

80 *Ich habe darauf aufmerksam gemacht:* Vortrag Berlin, 16. April 1918, GA 181, S. 217.

80 *Dieser menschliche Organismus:* Vortrag Berlin, 3. April 1917, GA 175, S. 193.